정법의 원류

정맥선원 출판부 편찬

정법의 원류

초판 1쇄 펴낸날 단기 4349년, 불기 3043년, 서기 2016년 12월 20일

편   찬   정맥선원 출판부
펴 낸 곳   도서출판 문젠(Moonzen Press)
            11192, 경기도 포천시 내촌면 소리개길 86-178
            전화 031-534-3373 팩스 031-533-3387
신고번호   2010.11.24. 제2010-000004호

편 집 윤 문   진성 윤주영
제 작 교 정   도명 정행태, 도향 하가연
삽화기획구성   진성 윤주영
삽 화 그 림   도향 하가연, 지곡 서주희
인   쇄   가람문화사

도서출판문젠 www.moonzenpress.com
정 맥 선 원 www.zenparadise.com
사막화방지국제연대(IUPD) www.iupd.org

© 문재현, 2016. Printed in Seoul, Republic of Korea
값 20,000원
ISBN 978-89-6870-211-2 03220

정법의 원류

정맥선원 대원 문재현 선사님

|차 례

불 조 정 맥

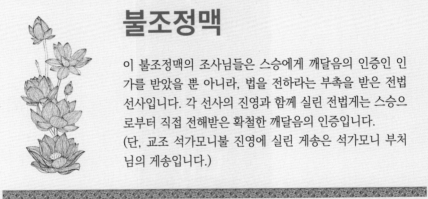

불조정맥

이 불조정맥의 조사님들은 스승에게 깨달음의 인증인 인가를 받았을 뿐 아니라, 법을 전하라는 부촉을 받은 전법 선사입니다. 각 선사의 진영과 함께 실린 전법게는 스승으로부터 직접 전해받은 확철한 깨달음의 인증입니다.
(단, 교조 석가모니불 진영에 실린 게송은 석가모니 부처님의 게송입니다.)

1조 마하가섭	1st Mahakasyapa	1祖 摩訶迦葉
2조 아난다	2nd Ananda	2祖 阿難陀
3조 상나회수	3rd Sanakavasa	3祖 商那和脩
4조 우바국다	4th Upagupta	4祖 優波毱多
5조 제다가	5th Dhritaka	5祖 堤多迦
6조 미차가	6th Michaka	6祖 彌遮迦
7조 바수밀	7th Vasumitra	7祖 婆須密
8조 불타난제	8th Buddhanandi	8祖 佛陀難堤
9조 복타밀다	9th Buddhamitra	9祖 伏馱密多
10조 파율습박(협)	10th Parsva (Xie)	10祖 波栗濕縛(脇)
11조 부나야사	11th Punyayasas	11祖 富那夜奢
12조 아나보리(마명)	12th Asvaghosa (Maming)	12祖 阿那菩堤(馬鳴)
13조 가비마라	13th Kapimala	13祖 迦毗摩羅
14조 나가르주나(용수)	14th Nagarjuna (Longshu)	14祖 那閼羅樹那(龍樹)
15조 가나제바	15th Kanadeva	15祖 迦那堤波
16조 라후라타	16th Rahulata	16祖 羅睺羅陀
17조 승가난제	17th Sanghanandi	17祖 僧伽難提
18조 가야사다	18th Gayasata	18祖 迦耶舍多
19조 구마라다	19th Kumarata	19祖 鳩摩羅多
20조 사야다	20th Jayata	20祖 闍夜多
21조 바수반두	21st Vasubandhu	21祖 婆修盤頭
22조 마노라	22nd Manorhita	22祖 摩拏羅
23조 학륵나	23rd Haklenayasas	23祖 鶴勒那
24조 사자보리	24th Aryasimha	24祖 師子菩堤
25조 바사사다	25th Basiasita	25祖 婆舍斯多
26조 불여밀다	26th Punyamitra	26祖 不如密多
27조 반야다라	27th Prajnatara	27祖 般若多羅
28조 보리달마	28th Bodhidharma	28祖 菩堤達磨

중국

29조 신광 혜가	29th Shenguang Huike	29祖 神光 慧可
30조 감지 승찬	30th Jianzhi Sengcan	30祖 鑑智 僧璨
31조 대의 도신	31st Dayi Daoxin	31祖 大醫 道信
32조 대만 홍인	32nd Daman Hongren	32祖 大滿 弘忍
33조 대감 혜능	33rd Dajian Huineng	33祖 大鑑 慧能
34조 남악 회양	34th Nanyue Huairang	34祖 南嶽 懷讓
35조 마조 도일	35th Mazu Daoyi	35祖 馬祖 道一
36조 백장 회해	36th Baizhang Huaihai	36祖 百丈 懷海
37조 황벽 희운	37th Huangpi Xiyun	37祖 黃檗 希雲
38조 임제 의현	38th Linji Yixuan	38祖 臨濟 義玄
39조 흥화 존장	39th Xinghua Cunjiang	39祖 興化 存獎
40조 남원 혜옹	40th Nanyuan Huiyong	40祖 南院 慧顒
41조 풍혈 연소	41st Fengxue Yanzhao	41祖 風穴 延沼
42조 수산 성념	42nd Shoushan Shengnian	42祖 首山 省念
43조 분양 선소	43rd Fenyang Shanzhao	43祖 汾陽 善昭
44조 자명 초원	44th Ciming Chuyuan	44祖 慈明 楚圓
45조 양기 방회	45th Yangqi Fanghui	45祖 楊岐 方會
46조 백운 수단	46th Baiyun Shouduan	46祖 白雲 守端
47조 오조 법연	47th Wuzu Fayan	47祖 五祖 法演
48조 원오 극근	48th Yuanwu Keqin	48祖 圓悟 克勤
49조 호구 소륭	49th Huqiu Shaolong	49祖 虎丘 紹隆
50조 응암 담화	50th Yingan Tanhua	50祖 應庵 曇華
51조 밀암 함걸	51st Mian Xianjie	51祖 密庵 咸傑
52조 파암 조선	52nd Poan Zuxian	52祖 破庵 祖先
53조 무준 사범	53rd Wuzhun Shifan	53祖 無準 師範
54조 설암 혜랑	54th Xueyan Huilang	54祖 雪岩 慧郎
55조 급암 종신	55th Jian Zongxin	55祖 及庵 宗信
56조 석옥 청공	56th Shiwu Qinggong	56祖 石屋 淸珙

한국

▼78조사 진영과 전법게가 모셔져 있는 성불사 국제정맥선원 정맥진영전

교조 석가모니 부처님

幻化無因亦無生	환화라고 하는 것 근본 없어 생긴 적도 없어서
皆則自然見如是	모두가 스스로 이러-해서 본다 함도 이러-하네
諸法無非自化生	모든 법도 스스로 화한 남, 아닌 것이 없어서
幻化無生無所畏	환화라 하지만 남이 없어 두려워할 것도 없네

1조   마하가섭 존자 받음

法本法無法   법이라는 본래 법엔 법이랄 것 없으나
無法法亦法   법이랄 것 없다는 법, 그 또한 법이라
今付無法時   이제 법이랄 것 없음을 전해줌에
法法何曾法   법이라는 법인들 그 어찌 법이랴

2조   아난다 존자 받음

法法本來法   법이란 법 본래의 법이라
無法無非法   법도 없고 법 아님도 없으니
何於一法中   어떻게 온통인 법 가운데
有法有非法   법 있으며 법 아닌 것 있으랴

3조   상나회수 존자 받음

本來付有法   본래의 법 전함이 있다 하나
付了言無法   전한 말에 법이랄 것 없다 했네
各各須自悟   각자가 스스로 깨달으라
悟了無無法   깨달으면 법 없음도 없다네

4조   우바국다 존자 받음

非法亦非心   법 아니고 마음도 아니어서
無心亦無法   맘이랄 것, 법이랄 것 없나니
說是心法時   마음이다, 법이다 설할 때는
是法非心法   그 법은 마음법이 아니로다

5 조 　제다가 존자 받음

心自本來心	마음이란 스스로인 본래의 마음이니
本心非有法	본래의 마음에는 법 있는 것 아니로다
有法有本心	본래의 마음 있고 법이란 것 있다 하면
非心非本法	마음도 아니요 본래 법도 아니로다

6 조 　미차가 존자 받음

通達本心法	본래의 마음법을 통달하면
無法無非法	법도 없고, 법 아님도 없도다
悟了同未悟	깨달으면 깨닫기 전과 같아
無心亦無法	마음이니, 법이니 할 것 없네

7 조 　바수밀 존자 받음

無心無可得	맘이랄 것 없으면 얻음도 없어서
說得不名法	설함에 법이라 이름할 것도 없네
若了心非心	만약에 맘이라 하면 마음 아님 깨달으면
始解心心法	비로소 마음인 마음법 안다 하리

8 조 　불타난제 존자 받음

心同虛空界	가없는 마음으로
示等虛空法	가없는 법 보이니
證得虛空時	가없음을 증득하면
無是無非法	옳고 그른 법이 없다

9조 　복타밀다 존자 받음

虛空無內外　허공이 안팎 없듯
心法亦如此　마음법도 그러하다
若了虛空故　허공 이치 요달하면
是達眞如理　진여이치 통달하네

10조 　파율습박(협) 존자 받음

眞理本無名　진리란 본래에 이름할 수 없으나
因名顯眞理　이름에 의하여 진리를 나타내니
受得眞實法　받아 얻은 진실한 법이라고 하는 것
非眞亦非僞　진실도 아니요, 거짓도 아니로세

11조 　부나야사 존자 받음

眞體自然眞　참된 몸 스스로 이러-히 참다우니
因眞說有理　참됨을 설함으로 인해 진리란 것 있다 하나
領得眞眞法　참답게 참된 법을 깨달아 얻으면
無行亦無止　베풀 것도 없으며 그칠 것도 없다네

12조 　아나보리(마명) 존자 받음

迷悟如隱顯　미혹과 깨침이란 숨음과 드러남 같다 하나
明暗不相離　밝음과 어둠이 서로가 여읠 수 없는 걸세
今付隱顯法　이제 숨음이 드러난 법 부촉한다지만
非一亦非二　하나도 아니요, 둘도 또한 아니로세

13조   가비마라 존자 받음

隱顯卽本法	숨었느니 드러났느니 하지만 본래의 법에는
明暗元不二	밝음과 어두움이 원래에 둘 아니라
今付悟了法	깨달아 마친 법을 전한다고 하지만
非取亦非離	취함도 아니요, 여읨도 아니로세

14조   나가르주나(용수) 존자 받음

非隱非顯法	숨을 수도, 드러날 수도 없는 법이라 함
說是眞實際	이것이 참다운 실제를 말함이니
悟此隱顯法	숨음이 드러난 법 깨달았다 하나
非愚亦非智	어리석음도 아니요 지혜로움도 아니로다

15조   가나제바 존자 받음

爲明隱顯法	숨었느니 드러났느니 하면 법에 밝다 하랴
方說解脫理	밝게 해탈의 이치를 설하려면
於法心不證	저 법에 증득한 바도 없는 마음이어야 하니
無嗔亦無喜	성낼 것도 없으며 기쁠 것도 없다네

16조   라후라타 존자 받음

本對傳法人	본래에 법을 전할 사람 대해
爲說解脫理	해탈의 진리를 설하나
於法實無證	법엔 실로 증득한 바 없어서
無終亦無始	마침도 비롯함도 없느니라

17조　승가난제 존자 받음

於法實無證	법에는 진실로 증득한 바 없어서
不取亦不離	취함도 없으며 여읨도 없느니라
法非有無相	법에는 있다거나 없다는 상도 없거늘
內外云何起	안이니 밖이니 어떻게 일으키리

18조　가야사다 존자 받음

心地本無生	맘 바탕엔 본래에 남 없거늘
因地從緣起	바탕의 인, 연을 좇아 일으키나
緣種不相妨	연과 종자 서로가 방해 없어
華果亦復爾	꽃과 열매 그 또한 그러하네

19조　구마라다 존자 받음

有種有心地	마음의 바탕에 지닌 종자 있음에
因緣能發萌	인과 연이 능히 싹 나게 하지만
於緣不相礙	저 연에 서로가 걸림이 없어서
當生生不生	마땅히 난다 해도 남이 남 아니로세

20조　사야다 존자 받음

性上本無生	성품에는 본래에 남 없건만
爲對求人說	구하는 사람 대해 설할 뿐
於法既無得	법에는 얻은 바 없거늘
何懷決不決	어찌 깨닫고, 깨닫지 못함을 둘 것인가

21조　　바수반두 존자 받음

言下合無生	말 떨어지자마자 무생에 계합하면
同於法界性	저 법계와 성품이 함께 하리니
若能如是解	만일 능히 이와 같이 깨친다면
通達事理竟	궁극의 이변 사변 통달하리

22조　　마노라 존자 받음

泡幻同無礙	물거품과 환 같아 걸릴 것도 없거늘
如何不了悟	어찌하여 깨달아 마치지 못했다 하는가
達法在其中	그 가운데 있는 법을 통달하면
非今亦非古	지금도 아니요, 옛 또한 아니니라

23조　　학륵나 존자 받음

心隨萬境轉	마음이 만 경계를 따라서 구르나
轉處實能幽	구르는 곳마다 실로 능히 그윽함에
隨流認得性	성품을 깨달아서 흐름을 따르면
無喜亦無憂	기쁠 것도 없으며 근심할 것도 없네

24조　　사자보리 존자 받음

認得心性時	마음의 성품을 깨달음에
可說不思議	사의할 수 없다고 말하나니
了了無可得	깨달아 마쳐서는 얻음 없어
得時不說知	깨달아선 깨달았다 할 것 없네

25조   바사사다 존자 받음

正說知見時	깨달음의 지혜를 바르게 설할 때에
知見俱是心	깨달음의 지혜란 이 마음에 갖춘 바라
當心卽知見	지금의 마음이 곧 깨달음의 지혜요
知見卽于今	깨달음의 지혜가 곧 지금의 함일세

26조   불여밀다 존자 받음

聖人說知見	성인이 말하는 지견은
當境無是非	경계를 맞아서 시비 없네
我今悟眞性	나 이제 참성품 깨달음에
無道亦無理	도랄 것도, 이치랄 것도 없네

27조   반야다라 존자 받음

眞性心地藏	맘 바탕에 참성품 갖췄으나
無頭亦無尾	머리도, 꼬리도 없으니
應緣而化物	인연 응해 만물을 교화함을
方便呼爲智	지혜라고 하는 것도 방편일세

28조   보리달마 존자 받음

心地生諸種	마음에서 모든 종자 냄이여
因事復生理	일[事]로 인해 다시 이치 나느니라
果滿菩提圓	두렷이 보리과가 원만하니
華開世界起	세계를 일으키는 꽃 피우리

29조   신광 혜가 대사 받음

吾本來此土	내가 본래 이 땅에 온 것은
傳法救迷情	법을 전해 중생을 구함일세
一花開五葉	한 송이에 다섯 꽃잎 피리니
結果自然成	열매 맺음 자연히 이뤄지리

30조   감지 승찬 대사 받음

本來緣有地	본래의 바탕에 연 있으면
因地種華生	바탕의 인에서 종자 나서 꽃핀다 하나
本來無有種	본래엔 종자가 있은 적도 없어서
華亦不曾生	꽃핀 적도 없으며 난 적도 없다네

31조   대의 도신 대사 받음

華種雖因地	꽃과 종자 바탕으로 인하니
從地種華生	바탕을 쫓아서 종자와 꽃을 내나
若無人下種	만약에 사람이 종자 내림 없으면
華地盡無生	남 없어 바탕에 꽃핀 적도 없다 하리

32조   대만 홍인 대사 받음

華種有生性	꽃과 종자 성품에서 남이라
因地華生生	바탕으로 인해서 나고 꽃피우니
大緣與性合	큰 연과 성품이 일치하면
當生生不生	그 남은 나도 남 아니로세

33조　　대감 혜능 대사 받음

有情來下種　정 있어 종자를 내림에
因地果還生　바탕 인해 결과 내어 영위하나
無情旣無種　정이랄 것도 없고 종자랄 것도 없어서
無性亦無生　만물의 근원인 도의 성품에는 또한 남도 없네

34조　　남악 회양 전법선사 받음

心地含諸種　마음의 바탕에 모든 종자 머금어져
普雨悉皆生　널리 비 내림에 모두 다 싹트도다
頓悟華情已　단박에 깨달아 정을 다한 꽃피움에
菩提果自成　보리의 과위가 스스로 이뤄졌네

35조　　마조 도일 전법선사 받음

心地含諸種　마음의 바탕에 모든 종자 머금어져
遇澤悉皆萌　비와 이슬 만남에 모두 다 싹이 트나
三昧華無相　삼매의 꽃핌이라 형상이 없거늘
何壞復何成　무엇이 무너지고 무엇이 이뤄지랴

36조　　백장 회해 전법선사 받음

心外本無法　마음 외에 본래에 다른 법이 없거늘
有付非心法　부촉함이 있다 하면 마음법이 아닐세
旣知非法心　원래에 마음법 없음을 깨달은
如是付心法　이러-한 마음법을 그대에게 부촉하네

37조　　황벽 희운 전법선사 받음

本無言語囑	본래에 말로는 부촉할 수 없는 것을
强以心法傳	억지로 마음의 법이라 전함이니
汝旣受持法	그대가 원래에 받아 지닌 그 법을
心法更何言	마음의 법이라고 다시 어찌 말하랴

38조　　임제 의현 전법선사 받음

病時心法在	마음의 법 있으면 병이 있고
不病心法無	마음의 법 없으면 병도 없네
吾所付心法	내 부촉한 마음의 법에는
不在心法途	마음의 법 있는 것 아니로세

39조　　흥화 존장 전법선사 받음

至道無揀擇	지극한 도는 간택함이 없으니
本心無向背	본래의 마음이라 향하고 등짐이 없느니라
便如此承當	이 같음을 감당해 이으려는가?
春風增瞌睡	봄바람에 곤한 잠을 더하누나

40조　　남원 혜옹 전법선사 받음

大道全在心	대도는 온통 맘에 있다지만
亦非在心求	맘에 구함 있으면 그르치네
付汝自心道	그대에게 부촉한 자심의 도에는
無喜亦無憂	기쁨도 근심도 없느니라

41조   풍혈 연소 전법선사 받음

我今無法說	나 이제 법 없음을 말하노니
所說皆非法	말한 바가 모두 다 법 아니라
今付無法法	법 없는 법 지금에 부촉하니
不可住于法	이 법에도 머무르지 말아라

42조   수산 성념 전법선사 받음

無說是眞法	말한 적도 없어야 참법이니
其說元無說	이 말함은 원래에 말함 없네
我今無說時	나 이제 말한 적도 없을 때
說說何曾說	말함이라 말한들 말함이랴

43조   분양 선소 전법선사 받음

自古付無說	예로부터 말함 없음 부촉했고
我今亦無說	지금의 나 또한 말함 없네
只此無說心	다만 이 말함 없는 마음을
諸佛所共說	모든 부처 다 같이 말한 바네

44조   자명 초원 전법선사 받음

虛空無形像	허공이 형상이 없다 하나
形像非虛空	형상도, 허공도 아닐세
我所付心法	내 부촉한 마음의 법이란
空空空不空	공도 공한 공이어서 공 아닐세

45조   양기 방회 전법선사 받음

虛空無面目　　허공이 면목이 없듯이
心相亦如然　　마음의 상 또한 이와 같네
即此虛空心　　곧 이렇게 비고 빈 마음을
可稱天中天　　높은 중에 높다고 하는 걸세

46조   백운 수단 전법선사 받음

心體如虛空　　마음의 본체가 허공같아
法亦遍虛空　　법 또한 허공처럼 두루하네
證得虛空理　　허공 같은 이치를 증득하면
非法非心空　　법도 아니요, 공한 맘도 아니로세

47조   오조 법연 전법선사 받음

道我元無我　　도에는 나라는 나 원래 없고
道心元無心　　도에는 맘이란 맘 원래 없네
唯此無我法　　오직 이 나라 함도 없는 법으로
相契無我心　　나라 함 없는 맘에 일체하네

48조   원오 극근 전법선사 받음

眞我本無心　　참나에는 본래에 맘이랄 것 없으며
眞心亦無我　　참마음엔 역시나 나랄 것 없으나
契此眞眞心　　이러-히 참답게 참마음에 일체되면
我我何曾我　　나를 나라 한들 어찌 거듭된 나겠는가

49 조　　호구 소륭 전법선사 받음

得道心自在　　도 얻으면 자재한 마음이고
不得道憂惱　　도 얻지 못하면 근심이라 하나
付汝自心道　　본래의 마음의 도 부촉함에
無喜亦無惱　　기쁨도, 근심도 없느니라

50 조　　응암 담화 전법선사 받음

天晴雲在天　　맑던 하늘 구름 덮인 하늘 되고
雨落濕在地　　비 오더니 젖어있는 땅일세
祕密付與心　　비밀히 마음을 부촉함이여
心法只這是　　마음법이란 다만 이것일세

51 조　　밀암 함걸 전법선사 받음

佛用眼觀星　　부처님은 눈으로써 별을 보고
我用耳聽聲　　난 귀로써 소리를 들었도다
我用與佛用　　나의 함이 부처님의 함과 같아
我明汝亦明　　내 밝음이 그대의 밝음일세

52 조　　파암 조선 전법선사 받음

佛與衆生見　　부처와 더불어 중생의 보는 것이
元本佛隔線　　원래 근본 부처인데 금 그은들 바뀌랴
付汝自心法　　그대에게 부촉한 본연의 마음법에는
非見非不見　　깨닫고 깨닫지 못함도 없느니라

53조   무준 사범 전법선사 받음

我若不見時	내가 만약 봄이 없다 할 때에
汝應不見見	그대 응당 봄이 없이 보아라
見見非自見	봄에 봄 없어야 본연의 봄이니
自心常顯現	본연의 마음이 언제나 드러났네

54조   설암 혜랑 전법선사 받음

眞理直如絃	진리는 곧기가 거문고줄 같다는데
何默更何言	어떻게 침묵이나 말로 다시 할 것인가
我今善付囑	나 이제 그대에게 공교롭게 부촉하니
表心本無得	밝힌 마음 본래에 얻음이 없는 걸세

55조   급암 종신 전법선사 받음

本無迷悟人	사람에겐 미혹하고 깨달음이 본래 없는데
迷悟自家計	미했느니 깨쳤느니 제 스스로 분별하네
記得少壯時	젊어서 깨달았다 말이나 한다면
而今不覺老	늙어서까지라도 깨닫지 못할 걸세

56조   석옥 청공 전법선사 받음

此心極廣大	이 마음이 지극히 광대하여
虛空比不得	허공에 비할 수도 없다네
此道只如是	이 도는 다만 오직 이러-하니
受持休外覓	밖으로 찾음 쉬어 받아 지녔네

57조   태고 보우 전법선사 받음

至大是此心   지극히 큰 이것인 이 마음과
至聖是此法   지극히 성스러운 이것인 이 법이라
燈燈光不差   등불과 등불의 광명처럼 나뉨 없음
了此心自達   이 마음 스스로가 통달해 마침일세

58조   환암 혼수 전법선사 받음

心中有自心   마음 중의 본연의 마음과
法中有至法   법 중의 지극한 법을
我今可付囑   내가 지금 부촉한다 하나
心法無心法   마음법엔 마음법이라 함도 없네

59조   구곡 각운 전법선사 받음

一道不心光   온통인 도, 마음의 광명이라 할 것도 없으나
三際十方明   과거, 현재, 미래와 시방을 밝힘일세
何於明白中   어떻게 지극히 분명한 이 가운데
有明有不明   밝음과 밝지 않음 있다고 하리오

60조   벽계 정심 전법선사 받음

我無法可付   나 지금 법 없음을 부촉하고
汝無心可受   그대는 무심으로 받는다 하나
無付無受心   전함 없고 받음 없는 맘이라면
何人不成就   누구라도 성취하지 못했다 하랴

61조　벽송 지엄 전법선사 받음

心卽能知心	마음이 곧 깨달음의 마음이요
法卽可知法	법이 곧 깨달음의 법이라
法心付法心	마음법을 마음법이라 전한다면
非心亦非法	마음도, 법도 아닐세

62조　부용 영관 전법선사 받음

祖祖無法付	조사와 조사가 법 없음을 부촉한다 하나
人人本自有	사람과 사람마다 본래 스스로 지님일세
汝受無付法	그대는 부촉함도 없는 법을 받아서
急着傳於後	긴요히 뒷날에 전하도록 하여라

63조　청허 휴정 전법선사 받음

眞性本無性	참성품은 본래에 성품이라 할 것 없고
眞法本無法	참법은 본래에 법이라 할 것 없네
了知無法性	법이니 성품이니 할 것 없음 깨달으면
何處不通達	어떠한 곳엔들 통달하지 못하랴

64조　편양 언기 전법선사 받음

非法非非法	법도 아니고 법 아님도 아니고
非性非非性	성품도 아니고 성품 아님도 아니며
非心非非心	마음도 아니고 마음 아님도 아님이
付汝心法竟	그대에게 부촉하는 궁극의 마음법일세

65 조　　풍담 의심 전법선사 받음

師傳拈花宗　부처님이 전하신 꽃 드신 종지와
示我微笑法　내가 미소지어 보인 도리를
親手分付汝　친히 손수 그대에게 분부하니
持奉遍塵刹　받들어 지녀 누리에 두루하게 하라

66 조　　월담 설제 전법선사 받음

得本無所得　깨달아선 깨달은 바 없으며
傳亦無可傳　전해서는 전함 또한 없느니라
今付無傳法　전함도 없는 법을 부촉함이여
東西共一天　동서가 온통한 하늘일세

67 조　　환성 지안 전법선사 받음

無傳無受法　전하거나 받을 법이 없어서
無傳無受心　전하거나 받는다는 맘도 없네
付與無受者　부촉하나 받은 바 없는 이여
掣斷虛空筋　허공의 힘줄마저 뽑아서 끊었도다

68 조　　호암 체정 전법선사 받음

沿流一段事　연류에 따른 일단사여
竟無頭與尾　머리도 꼬리도 필경 없네
付與獅子兒　사자새끼인 그대에게 부촉하니
哮吼滿天地　사자후 천지에 가득케 하라

69조　　청봉 거안 전법선사 받음

指西喚作東　서 가리켜 동에 그림이여
楓嶽山衆峰　풍악산의 뭇 봉우리로다
佛祖之此法　불조의 이러한 법을
分付今日汝　너에게 분부하노라

70조　　율봉 청고 전법선사 받음

無頭尾道理　머리도 꼬리도 없는 도리
今日傳授汝　오늘 그대에게 전해주니
此後善保任　이후로 보림을 잘 하여서
永遠無斷絶　영원히 끊어짐이 없게 하라

71조　　금허 법첨 전법선사 받음

晦日豫言爲還元　그믐날 근원에 돌아간다 말했으나
法身何有去與來　법신에 그 어찌 가고 옴이 있으랴
日在靑天池中蓮　푸른 하늘 해 있고, 못 가운데 연꽃일세
此法分付無斷絶　이 법을 분부하니 끊어짐이 없게 하라

72조　　용암 혜언 전법선사 받음

示出蓮之大道理　'연꽃이 나왔다' 하여 보인 큰 도리를
復亦指示庭下樹　다시 또 뜰 밑 나무 가리켜 보여서
後日大事與咐囑　후일의 크고 큰 일 그대에게 부촉하니
保任善持無斷絶　잘 지녀 보림하여 끊어짐 없게 하라

73조　　영월 봉율 전법선사 받음

生也死也是何言　사느니 죽느니 이 무슨 말들인고
水田蓮花在天日　물밭엔 연꽃이고 하늘엔 해일세
無邊無藏露如是　가없이 이러-해서 감출 수 없이 드러남
今日分付無斷絶　오늘 네게 분부하니 끊어짐 없게 하라

74조　　만화 보선 전법선사 받음

春山浮雲觀同時　봄산과 뜬구름을 동시에 보아라
普益衆生在其中　중생들의 이익될 바 그 가운데 있느니라
此中道理今付汝　이 가운데 도리를 이제 네게 부촉하니
繼承無斷爲繁盛　계승해 끊임없이 번성케 할지어다

75조　　경허 성우 전법선사 받음

浮雲漏泄其道理　하늘의 뜬구름이 누설한 그 도리를
今日咐囑與禪子　오늘날 선자에게 부촉하여 주노니
保任徹底示模範　철저하게 보림하여 모범을 보임으로
後世無斷爲持心　후세에 끊어짐이 없게 할 맘, 지니게나

76조　　만공 월면 전법선사 받음

雲月溪山處處同　구름과 달, 산과 계곡이라, 곳곳에서 같음이여
叟山禪子大家風　선가의 나의 제자 수산의 큰 가풍일세
慇懃分付無文印　은근히 무문인을 그대에게 분부하니
一段機權活眼中　이 기틀의 방편이 활안 중에 있노라

77 조　　전강 영신 전법선사 받음

佛祖未曾傳　불조도 전한 바 없어서
我亦無所得　나 또한 얻은 바 없음을…
此日秋色暮　가을빛 저물어 가는 날에
猿嘯在後峰　뒷산의 원숭이가 울고 있네

78 대　　대원 문재현 전법선사 받음

佛祖未曾傳　부처와 조사도 일찍이 전한 것이 아니거늘
我亦何受授　나 또한 어찌 받았다 하며 준다 할 것인가
此法二千年　이 법이 2천년대에 이르러서
廣度天下人　널리 천하 사람을 제도하리라

정맥선원

정맥선원

정맥선원은 불조정맥 제77조 조계종 정전강(鄭田岡) 대선사님의 인가제자인 제78대 대원(大圓) 문재현(文載賢) 전법선사(傳法禪師)님께서 주재하시는 도량입니다.

인가 印可 란?

부처님의 가르침, 그 중에서도 가장 핵심이라 할 깨달음을 스승이 인증하고 제자가 전해 받아 끊임이 없이 그 맥을 이어가는 법도입니다. 이것은 부처님 당시로부터 이루어진 법도로서, 말세에 사람들이 믿고 따를 수 있는 정법(正法)의 징표입니다.

대원 문재현 선사님의 스승이신
불조정맥 제77조 전강 대선사님

불조정맥 제77조 대한불교조계종 전강 대선사님

대원 문재현 선사님의 스승이신 불조정맥 제77조 대한불교조계종 전강 대선사님께서는, 16세에 출가하여 23세 때 첫 깨달음을 얻고 25세에 인가를 받으셨다. 당대의 7대 선지식인 만공, 혜봉, 혜월, 한암, 금봉, 보월, 용성 선사님의 인가를 한 몸에 받으셨으며, 이 중 만공 선사님께 전법게를 받아 그 뒤를 이으셨다. 당대의 선지식들이 모두 극찬할 정도로 그 법이 뛰어나서 '지혜 제일 정전강'이라 불렸다.

33세의 최연소의 나이로 통도사 조실을 하셨고, 법주사, 망월사, 동화사, 범어사, 천축사, 용주사, 정각사 등 유명선원 조실을 역임하시고 인천 용화사 법보선원의 조실로 일생을 마치셨다.

1975년 1월 13일, 용화사 법보선원의 천여 명 대중 앞에서 "어떤 것이 생사대사(生死大事)인고?" 자문한 후에 "악! 구구는 번성(飜成) 팔십일이니라."라고 법문한 뒤, 눈을 감고 좌탈입망하셨다.

다비를 하던 날, 화려한 불빛이 일었고, 정골에서 구슬 같은 사리가 무수히 나왔다. 열반하시기까지 한결같이 공안 법문으로 최상승법을 드날리셨으니 그 투철한 깨달음과 뛰어난 법, 널리 교화하기를 그치지 않으셨던 점에 있어서 한국 근대 선종의 거목이라 일컬어지고 있다.

전법게 傳法偈

佛祖未曾傳	부처와 조사도 일찍이 전한 것이 아니거늘
我亦何受授	나 또한 어찌 받았다 하며 준다 할 것인가
此法二千年	이 법이 2천년대에 이르러서
廣度天下人	널리 천하 사람을 제도하리라

부 송 付頌

不下御床對如是	어상을 내리지 않고 이러-히 대한다 함이여
後日石兒吹無孔	뒷날 돌아이가 구멍 없는 피리를 불리니
自此佛法滿天下	이로부터 불법이 천하에 가득하리라

불조정맥 제77조 전강 영신 전법선사 전 傳
불조정맥 제78대 대원 문재현 전법선사 수 受

불조정맥 제78대 대원 문재현 선사님

불조정맥 제78대 대원 문재현 선사님

석가모니 부처님께서 창시하신 불법은 인도의 가섭을 초조로 하여, 중국의 초조인 달마 대사를 거쳐, 해동 대한민국으로 전해져 왔다. 중국에서는 중흥조인 불조정맥 제33조 육조 대사에 의해 크게 꽃피우고, 우리나라의 근세 불법에 있어서는 경허 선사를 필두로 융성하여 만공, 전강 선사님을 거쳐 불조정맥 제78대인 대원 문재현 선사님에 이르렀다.

대원 문재현 선사님께서는, 조계종의 근간인 해인사 용성(龍城) 문중과 수덕사 만공(滿空) 문중의 법을 한 몸에 받으셨다. 석가모니 부처님으로부터 이어진 선종의 맥을 직접 부촉받으셨으니 그 법이 가장 뛰어나 '지혜 제일'이라고 불렸던 제77조 전강 대선사님의 인가 제자이다. 더불어 가야산 해인사 백용성(白龍城) 대조사로부터 이어진 강맥을 전강받으셨으니, 그야말로 선교양종(禪敎兩宗)의 정맥이 증명하는 이 시대 불법의 또 한 분의 중흥조이다.

오悟

제 1 오도송

此身運轉是何物	이 몸을 끄는 놈 이 무슨 물건인가?
疑端汨沒三夏來	골똘히 생각한 지 서너 해 되던 때에
松頭吹風其一聲	쉬이하고 불어온 솔바람 한 소리에
忽然大事一時了	홀연히 대장부의 큰 일을 마치었네
何謂靑天何謂地	무엇이 하늘이고 무엇이 땅이런가
當體淸淨無邊外	이 몸이 청정하여 이러-히 가없어라
無內外中應如是	안팎 중간 없는 데서 이러-히 응하니
小分取捨全然無	취하고 버림이란 애당초 없다네
一日於十有二時	하루 온종일 시간이 다하도록
悉皆思量之分別	헤아리고 분별한 그 모든 생각들이
古佛未生前消息	옛 부처 나기 전의 오묘한 소식임을
聞者卽信不疑誰	듣고서 의심 않고 믿을 이 누구인가!

제 2 오도송

日月兩嶺載同模	해는 서산 달은 동산 덩실하게 얹혀 있고
金提平野滿秋色	김제의 평야에는 가을빛이 가득하네
不立大千之名字	대천이란 이름자도 서지를 못하는데
夕陽道路人去來	석양의 마을길엔 사람들 오고 가네

정법의 원류

대원 선사님의 가르침

정맥선원의 지도

깨달음의 실경에 대한 요긴한 지도를 받아 선정을 익히고, 공안법문을 들으며 일체종지를 이루어갑니다. 더불어 불사와 울력을 통해 업을 닦아 생사해탈을 기약하고 대중생활을 통해 육바라밀의 공덕을 쌓아 만인을 구제하는 대승의 그릇을 만드는 것이 대원 선사님이 주재하시는 정맥선원의 지도입니다.

대원 문재현 선사님의

지도법

정맥선원의 지도법의 특징은 대원 문
재현 전법선사님과 독대하여 직접 깨
달음의 지도를 받는 것입니다.

제 1단계 초심자 수행

정맥선원의 수행자들은 전국 각처의 선원에서 한 달에 한 번 있는 대원 전법선사님의 법문에 빠짐없이 참여하면서 선사님께 깨달음의 지도를 받을 때까지 최소 3년 이상 수행을 합니다.

이 시기에 대원 선사님께서는 마음의 실경에서 행할 수 있도록 수행법을 주십니다.
큰 산란과 혼침에 시달리는 사람이라도 망상을 쉬게 되고, 더불어 상기되지 않는 가운데 밝은 선정을 익히게 하여 누구라도 고요한 마음의 실경을 체험할 수 있습니다.

제 2단계 깨달음의 지도

각 선원장의 안내에 의해 선사님과 독대하여 깨
달음의 지도를 받습니다. 대원 선사님께서는 깨
달아 일체종지를 이룬 후 오랜 교화를 통해 현대
인들이 사무쳐 들어올 수 있는 방법으로 깨달음
에 이른 이를 많이 배출하셨습니다.

대원 선사님께서는 '이 뭐꼬' 화두를 피상적으로
주는 것이 아니라 '이 뭐꼬' 화두 자체가 마음에
일체되게 하는 방법으로 스스로의 마음에 사무
쳐 들게 하시고 있습니다. 육조 대사께서 10대
제자를 제접해서 깨닫게 하셨던 것과 같이 앉은
자리에서 제접하는 대로 수행자를 깨닫게 하십
니다.

제 3단계 오후 보림 수행

대원 선사님의 지도를 받아 본래의 성품을 체득하
여 스스로 결단심이 내려지면 그 마음의 실체에
비추어 수수억겁의 업을 닦는 보림에 들어갑니다.

항상 대원 선사님의 법문을 빠짐없이 들으면서
일상에서는 여의지 않는 조용동시(照用同時)의
활선으로 일행삼매가 되도록 전국 각처의 선원
에서 수행합니다.

선사님의 법문 후의 질문시간은 수행하는 이들
의 수행에 대한 궁금증을 풀어주는 것은 물론,
실경지 탁마와 점검으로 이어집니다. 특히 선문
염송과 같은 공안법문 시간에는 공안에 대한 개
인적인 탁마와 점검을 받게 됩니다.

선사님의 '그 자체로 보라'는 한마디는 팔만대장
경을 여기에 다 넣었다고 할 만큼 간략한 가운데
단박에 깨달은 이에게 조용동시의 실경으로 일상
을 영위하게 하는 지도의 말입니다. 눈이 아닌 성
품, 즉 근본 마음으로 보면 온 누리와 근본 마음인
내가 나눔이 없어 본래 능소 없는 세계, 마음밖에
한 물건도 없는 세계이기 때문입니다. 온통인 봄,
온통인 들음, 온통인 일상이기 때문입니다.

대원 문재현 선사님의

송頌

대원 선사님의 송은 수행자들에게 더할
나위 없는 요긴한 법문입니다. 단 몇줄
의 송이 실증한 경지에 대한 점검을 해
주기도 하고, 오후 보림의 길을 제시하
기도 합니다. 교화하는 마음가짐을 그려
주기도 하고, 일반인들에게 잘 사는 게
불법이라는 선지식의 메세지를 들려주
기도 합니다.

10송에 대하여

실상실증의 3송, 보림수행의 3송, 공성본질의 3송, 명정오송.
이 10송은 대원 선사님께서 2016년 큰 병환 중에 지으신 것이다.

팔순의 연세에 전국을 순회하며 각 선원의 제자들을 교화하시
고, 모든 불사를 직접 진행하시는 무리 끝에 대상포진 증세가
일어났으나, 법회를 그치지 않으셨다. 이로 해서 연로한 나이
에 너무 과로한 탓에 증세가 악화되어 운명하거나 실명할 수
있다는 진단을 받으셨다.
그러나 대원 선사님께서는 많은 사람이 자살을 생각한다는 그
큰 고통을 무념의 경지에서 초월해가셨다. 오히려 병환 중에
이 10송을 읊으셨으니, 정말로 극한의 고통은 이러한 경지여
야만 넘어갈 수 있다는 것을 보여주셨다. 생사를 결단하고 모
든 고를 면하는 실증의 경지 그대로를 이 10송으로 읊어서, 실
제 깨닫지 못하고 말로만 깨달음을 말하거나 혹은 깨달았다
해도 보림이 미진한 이들을 경계하게 하셨다.

대원 선사님께서는 병환 중에도 조금만 통증이 멈추면 다시
불사와 화엄경 불서 편찬작업을 강행하셨다. 큰 병마와 싸우

시면서도 제자들을 맞이한 순간 선사님께서 겪고 계신 모든 것을 큰 가르침으로 주셨다. 그러면서도 더 주지 못해, 다 주지 못해 안타까워하셨다. 대원 선사님께서 말씀하셨다.

"이 통증은 마치 핵폭탄이 터지는 것처럼 단박에 너무도 강렬하게 찾아온다. 중생들이 불쌍하다 불쌍하다 하지만 얼마나 불쌍한지 어떻게 불쌍한지 이번에 더 분명하게 체감했다. 모든 중생들이 이런 고통을 겪고 있고, 겪을 수 있다고 생각하면…."
말을 마치지 못하시고 대원 선사님께서 눈을 감으셨다.
큰 자비심의 벅차오름에 말을 잇지 못하시고 감으신 대원 선사님의 두 눈으로 눈물이 흘렀다.
간신히 다시 이어지는 목소리.
"이 한 몸에 모든 중생들의 고통을 안고 갈 수 있다면, 그렇게 하고 싶은 생각뿐이다."
대원 선사님의 말씀에 제자들은 모두 숙연해졌다.
"업을 다하지 못하면 고가 있을 수밖에 없다. 업을 다하기 위해서는 반드시 계행을 지켜야 한다. 계라는 것이 무엇이냐. 공부 이외의 것을 생각하거나 행하는 것은 모든 것이 계를 파하는 것이다."
"모든 것이, 이 몸마저 허상이라는 것을 철저하게 깨달은 이라 할지라도 깨달은 바대로 실행하지 않으면 결국 해탈할 수 없다."

한쪽 눈과 뇌로 대상포진이 와서 무언가를 신경 써서 보기만 해도 통증이 커져 그 눈에 안대를 하시고 그쪽 머릿속으로 물이 차서 부어오른 몸으로 대원 선사님께서는 기어이 화엄경 작업을 진행하셨다.
대원 선사님께서는 선정 속에 병마를 이기고 계실 뿐 아니라, 멀쩡한 제자들 전부도 하지 못하는 일을 오히려 병상에서 이루고 계시다. 앓으시면서도 더 큰 대승의 자비심을 내어 중생을 위로하고, 더 큰 보림의 교훈을 주어 제자들을 가르치시며, 불사의 마음을 멈추지 않고, 바른 법을 펴서 교화하는 출판에의 의지가 식지 않았음을 보여주고 또 보여주시고 있다.

실상실증 實相實證 의 3송

喜悲頌 희비송

無名無相無事人　이름도 없고 상도 없는 일 없는 사람이
太平之歌唱興醉　태평의 노래를 흥에 취해 불렀더니
無時無端救濟事　때도 없고 끝도 없는 구제의 일이
大千世界布充滿　대천세계에 충만히 펼쳐졌네

正信頌 정신송

無名無相是地體　이름도 없고 상도 없는 이 바탕인 몸이여
悟地之信是正信　이 바탕을 깨달은 믿음이라야 바른 믿음이라
若無是信莫心我　이와 같은 믿음이 없이는 마음이 나라 말라
眼光落地恨萬端　눈 광명이 땅에 떨어질 때 한이 만단이나 되리라

眞心頌 진심송

無名無相是眞空　이름도 없고 상도 없는 이 진공이여
空空無空是眞地　공이라는 공은 공이라 함마저도 없는 참 바탕이라
如是之地是空體　이와 같은 바탕이라야 이 공인 몸이니
如是非體非眞心　이와 같은 몸이 아니면 참다운 마음이 아니니라

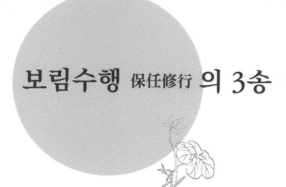

보림수행 保任修行 의 3송

業身頌　　업신송

業身乃苦痛之本　업의 몸이란 것은 고통의 근본이요
業心乃患亂之本　업의 마음이란 것은 환란의 근본이니라
業行乃鬪爭之本　업의 행이란 것은 다툼의 근본이요
業事乃虛妄之本　업의 일이란 것은 허망의 근본이니라

保任頌 1　보림송 1

治業身之戒最上　업의 몸을 다스리는 데는 계행이 최상이요
治業心之忍最上　업의 마음을 다스리는 데는 인내가 최상이니라
善治戒忍順保任　계행과 인내로 잘 다스리면 보림이 순조롭고
善成保任至究竟　보림이 잘 이루어지면 구경에 이르느니라

保任頌 2　보림송 2

肉身欲望捨都一　육신의 욕망은 하나까지라도 모두 버려야 하고
肉身向思捨無餘　육신을 향한 생각은 남음이 없이 버려야 하느니라
如是保任重業人　이와 같이 보림하면 업이 중한 사람일지라도
當生必成究竟地　당생에 반드시 구경지를 성취하리라

공성본질 空性本質 의 3송

空性本質頌 1　공성본질송 1

無極空性之本體　무극인 빈 성품의 본래 몸은
言語道斷滅心行　언어나 마음과 행위로 표현 못 하나
諸佛萬物從此生　모든 부처님과 만물이 이로 좇아 생겼으며
窮極一切歸依處　궁극에 일체가 돌아가 의지할 곳이니라

空性本質頌 2　공성본질송 2

渾然空地名無我　혼연한 빈 바탕을 이름해서 무아라 하고
無我異名是無極　무아의 다른 이름이 이 무극이니라
有情無情從此生　유정 무정이 이로 좇아 생겼으며
窮極一切歸依處　궁극에는 일체가 돌아가 의지할 곳이니라

空性本質頌 3　공성본질송 3

如是明徹名見性　이러-히 밝게 사무친 것을 이름해서 견성이라 하고
是地明徹正悟人　이 바탕에 밝게 사무쳐야 바르게 깨달은 사람이니
修道之人必銘心　도를 닦는 사람은 반드시 명심해서
各者觀照無非悟　각자 관조하여 그릇 깨달음이 없어야 하느니라

명정오송

明正悟頌

밝지도 어둡지도 않은 곳을 향해서
그윽한 본래의 바탕에 합하여야
이것을 진실한 깨달음이라 하는 것이니
그렇지 않다면 바른 깨달음이 아니니라

向不明暗處
冥合本來地
此是眞實悟
不然非正悟

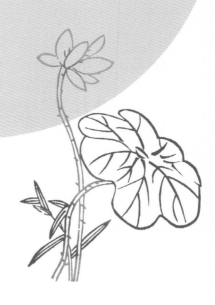

보림명심게 保任銘心偈

保任章 보림장

無外應事	안팎이 없음으로 모든 일을 대하면
逢緣不縛	만나는 인연들에 얽매임이 안 되리니
常時如是	어느 때 어디서나 이러-히 실천하여
水上行舟	물 위에 배가 가듯 그렇게 되어가면
豁然自由	훤출히 이러-해서 참으로 자유하고
內外平正	안과 밖이 한결같아 평등을 누리리니
保任無餘	남음 없이 보림을 마쳤다 하리라

度生章 도생장

慈悲共生	자비한 마음으로 중생과 같이 하며
如如不動	이러-히 한결같고 움직이지 아니하는
不二之法	안 없고 밖이 없는 둘 아닌 법으로써
火宅諸衆	불타는 집안 속의 저 모든 중생들을
救濟無餘	한 분도 빠짐없이 그곳에서 구출해내
報佛大恩	부처님의 큰 은혜를 두루두루 갚고서
皆如太平	너나 없이 이러-한 태평을 누릴진저

勸修章 권수장

慈悲共生	나라는 이 사람이 이 게를 지어서
如如不動	도를 닦고 실천하여 그 모든 사람들로
不二之法	부처묘과(妙果) 너나 없이 이루게 하려 하니
火宅諸衆	판자에 글로 써서 목에다가 걸고서
救濟無餘	하루종일 이십사시 여의지를 말게나
報佛大恩	눈을 뜬 사람이면 기꺼이 받아가져
皆如太平	이 뜻을 십분 알고 받들어 지키리라

실증보림송 實證保任頌

소리가 있거든 듣지 말고 곧바로 보라
크건 작건 관계 없이 법계화되리니
성품과 소리, 나뉨 없는 참다운 법계라
이것이 이 청정한 연화장 세계일세

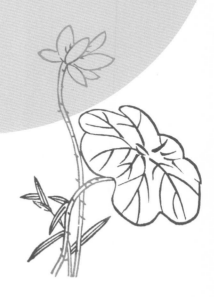

밖이 없음으로 일에 응하면
연을 맞아도 얽매이지 않는다

보림구 ^{保任句}

無外應事
逢緣不縛

*이 보림구는 심외무물(心外無物), 즉 마음 이외
에 한 물건 없는 가운데 매사에 임하면 수수억
겁의 어떠한 업과 인연이라도 능히 초월해 나아
갈 수 있다는 데에서 지은 보림구이다.

보림수칙

保任修飭

이러-히 옳고 그름을 보지 말고
이러-히 좋고 나쁨도 보지 말 것이며
이러-히 이익과 손해도 보지 않으면
자연히 편안해서 선열이 나고
자체로 보는 것이 일상이 되어서
아는 것이 온전히 없으리니
이것이 온전히 아는 것이며
온전히 알아서는 앎이 없어 다만 본연일 뿐이니라
아차차, 하하대소하노라

如是不見是與非
如是不見好與惡
如是不見利與害
自然平安生禪悅
自體見而爲日常
知而全無是全知
全知無知但本然
呵嗟嗟呵呵大笑

수 어 垂語

청정해서 본래로 자연이라
이러-히 본래 상 없으므로
일상에 편한 참음 이룬다면
보림은 자연스레 되리라

清淨本自然
如是本無相
日常安成忍
保任爲自然

* 새해를 맞이하여 제자들에게

오후보림송

悟後保任頌

오직 방심하지 말고
항상 자체로 보아라
이것이 모든 보림이니
구경에 불타가 된다

唯不放心
常見自體
是諸保任
究竟成佛

수행이란 안으로는 나를 다스리고
밖으로는 모든 이를 공경하는 것이다

어려움 가운데 가장 어려운 것은
나라 하는 나를 깨닫는 것이다

수행 修行

용맹 가운데 가장 용맹한 것은
나는 해낼 수 있다는 것이다

성공 가운데 가장 큰 성공은
깨달아 지혜를 갖춘 삶이다

화엄약명송

華嚴略明頌

가없이 두렷한 각(覺)바다엔 안팎 없고
두렷한 그 성품은 즉해도 걸림 없어
한 구슬의 거울 속에 무수구슬 들어있고
무수구슬 거울마다 한 구슬이 즉해 있네
삼천대천 모든 세계 전능으로 베풂이며
미묘하게 있는 만법 스스로 밝음일세
화엄의 도량이란 언제나 이러-해서
처음 끝이 본래 없는 부사의한 세계라네

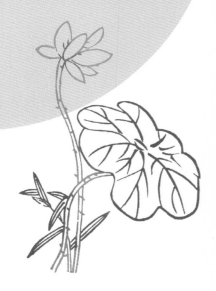

심경 ^{心經}

보이고 들린 것이
천연한 법문이라

만상과 모든 법이
마음 밖의 경계랴

이러-히 앞뒤 없어
삼매 따로 없다네

가 ^家
훈 ^訓

나는 나를 알고 있는가?
옳은 일은 일관하는가?
모든 일에 인내하는가?

연꽃처럼 물달처럼

사랑이란 울타리에 갇히질 말고
이별이란 서러움에 묶이질 말고
놀이감인 삼라만상 멋지게 써서
무위의 오감으로 이러-히 누려
연꽃처럼 물달처럼 어울리거라
물달처럼 연꽃처럼 어울리거라

십이월 삼십일일

마지막 한 장이 떨어지는 저 소리
세월의 물레살에 오고 가는 저 소리
천칠백 공안 비밀 누설하는 저 소리

사바에 뛰어든 사랑의 저 소리
꿈 깨어라 너를 알라 노파심한 저 소리
위음 전의 뜰 풍경을 보여주는 저 소리

오늘도 내일도 부르짖는 저 자비에
세월의 물레살을 몇몇이나 멈출까
가없는 본래면목 몇몇이나 깨칠까

관음찬
觀音讚

님의 눈 닿는 곳에 먹구름 걷히우고
님의 입 열린 곳에 사랑이 넘치우며
님의 손 닿는 곳엔 우담화 활짝 피리
오탁의 진흙 속에 사랑으로 오신 님
호수의 연꽃이라 인습에 젖으시랴
이 몸도 님을 배워 사바에 살리라

영원한 삶

법 설해 달란다
간절히 간절히
그러나 여보게들
무엇을 설하랴
영원한 삶 뿐인 것을
그래도 청한다면
구름은 날고 청산은 푸르다 하리
이에 가섭의 웃음 짓고
산새와 노래하며
나물 캠도 좋으리

추수 秋收 금 은 보석도 이러-히 거두운다
사랑과 미움도 이러-히 거두운다
어리석음 슬기로움도 이러-히 거두운다

대원 문재현 선사님의

대원선사님의 법이 오롯이 담겨있는
법어입니다. 대승, 최상승의 법과 헛된
길에 빠질 수 있는 기로에 서 있는 수
행자들의 안목을 열어주고 바로잡아주
는 법문들이 담겨있습니다.

화두실참

제방의 선방 상황을 보면 목적지에 이르는
길을 몰라 노정길을 묻고 있는 격이다. 무
자와 이뭣고 화두가 최고라 하면서도 실제
실참을 하지 못하고 있기 때문이다. '이 무
엇인고?' 하면서 이 눈으로 보려 한다면 경
계 위에서 찾는 것이어서 억만 겁을 두고
찾아도 찾을 수 없다. 그러므로 깨달아 일
체종지를 이룬 스승의 분명한 안목의 지도
가 없다면 화두를 들든, 관법을 행하든, 염
불을 하든 깨달음을 기약한다는 것이 정말
어렵다 할 것이다.

물 찾은
물고기

물속의 물고기가 물을 찾았을 때 물을 찾
기 전과 다르다면 그것은 물 찾은 물고기
가 아니다. 물을 찾기 전과 털끝만큼도 다
름이 없어야 비로소 물 찾은 물고기라 할
것이다.

사무친 후에 참으로 변한 것이 털끝만큼
도 없어야 바로 사무친 것이다. 다만 사무
치기 전에는 가없는 자체가 나임을 모르고
그 몸뚱이를 나로 여기고 있었고, 사무친
후에는 가없는 자체가 나임을 깨달았을 뿐
달라진 것이 있을 수 없다.

불법은

불법은 첫째도, 둘째도, 셋째도 상(相) 없음
을 근본으로 한다. 또한, 밖에서 자유와 행
복을 구하는 것이 아니라 본래 지닌 스스로
의 지혜, 능력을 발현하여 영원한 행복을
누리자는 것이다.

꿈

꿈도 꿈꿀 능력이 있어서 꿈꾸는 것이다.
꿈이 꿈인 줄 알면 환이 아닌 자성의 능력
이라. 그래서 그대로가 화장세계이다.

오후 보림

설사 깨달음을 성취했다 해도 그것은 공부
의 끝이 아니다. 오후보림을 통해 업을 다
해야만 육신통을 자재할 수 있게 되는 것
이다. 일상에 육신통을 자재하는 구경본분
의 경지일 때 비로소 공부를 마쳤다 할 것
이다.

공부를
힘있게 짓는
다는 것

공부를 힘있게 짓는다는 것은 무언가 단단히 쥐고 짓는 것이 아니라 가장 편안한 데서 다 내려놓고 다만 끊어지지 않게끔 유지시키는 것이다. 그것이 가장 힘있고 가장 올바르게 짓는 것이다. 그렇게 지어갈 때 모든 이치가 다 밝아지고 그 안에서 모든 일이 다 이루어진다.

남의
종이 되라

나는 항상 제자들에게 가르치기를, 남의
종이 되겠다는 마음으로 살라고 한다. 남
의 종이 되겠다고 마음 먹는 순간 안팎의
모든 마(魔)는 저절로 소멸된다. 아상이 없
다면 사상(四相)이 있을 수 없고 사상 없는
가운데 남의 종이 되겠다는 하심과 자비심
이면 어디에도 걸림이나 막힘이 없어 응하
여 모자람이 없을 것이다.

신심

간절한 신심은 법을 바르게 아는 데에서
저절로 이루어진다. 깨달아 사무친 경지에
대한 확신은 최고의 신심이다. 나 자체가
그 신(信)이요, 신 자체가 바로 나 자체여서
신심명의 마지막 구절처럼 둘 아닌 신심으
로 충만할 때 발심 역시 둘 아닌 가운데 한
결같을 것이다. 이러한 신심과 발심은 성
불지까지 이르르게 하는 가장 큰 힘, 추진
력이다. 깨닫지 못한 분에게 있어서는 불
법에 대한 신심, 불보살님에 대한 신심, 선
지식에 대한 신심, 불도를 닦는 일과 수행
자들에 대한 신심이 깨달음에 이르르는 힘
이 된다 할 것이다.

자경 白警

자경이란 마음이나 행동을 스스로 경계하여 주의하는 것이다.

최고의 스승은 자기 자신에게 있다. 자경
이야말로 최고의 스승이 아닐 수 없다. '과
연 이 순간에 생사의 기로에 놓인다면 스
스로 호흡을 거두기를 뜻대로 자재할 수
있는가' 언제나 이렇게 비추어본다면, 깨
달은 이라 해도 생사대사의 일을 마치는
날까지 머무를 수 없을 것이다.

보살행

자리이타의 보살행은 특별한 분만이 할 수
있는 것이 아니다. 수행자라면 누구나 자
기 분상에서 한 걸음 더 나아가 베푸는 보
살행이 있어야 한다. 이것이 부처님이 말
씀하시는 대승, 최상승의 길이다. 한시도
머물지 말고 항상 움직여 써서 만인과 만
물을 이롭게 하라.

오분향례
五分香禮

예불문 중 계향·정향·혜향·해탈향·해탈지견향을 오분향이라고 한다.
이 오분향을 공양하고 예를 올리는 것을 오분향례(五分香禮)라 부른다.

계향(戒香)은 마음에 그릇됨이 없는 것이다.
어떤 것이 마음에 그릇됨이 없는 것인가?
본성품을 여의지 않는 것이
곧 마음에 그릇됨이 없는 것이다.

정향(定香)은 본성품을 여의지 않아
경계에 흔들림이 없는 것이다.

혜향(慧香)은 계와 정을 갖추어서
어리석지 않은 것이다.

해탈향(解脫香)은 계와 정을 갖추어
어리석지 않아서
이러-히 모든 속박에서 벗어난 것이다.

해탈지견향(解脫知見香)은 본래 이러-해서
속박에서 벗어났다는 생각조차 없이
영위하는 것이다.

그러할 때 광명운대, 즉 온통 나 하나인 데에서 성성하고
활달한 그 자체여서 주변법계,
이 광명이 삼천대천세계에 가득한 것이다.

이러-한 마음으로 삼세 모든 불보살을 공경하는 마음으
로 예를 할 때 참다운 예불이 되고
삼천대천세계의 모든 부처님께 공양이 된다.

개유불성
皆有佛性

부처님께서 분명히 준동함령 개유불성(蠢動含靈 皆有佛性)이라고 하셨다. 이것은 모든 만물이 다 부처가 될 성품을 갖고 있다는 뜻이다. 불성이 하나라고 주장하는 목소리가 불교계에 드높으나 이것은 개유불성 즉, 낱낱이 제 불성은 제가 지니고 있다는 부처님의 말씀을 정면으로 어기는 말이다.

옛 선사님 말씀에 '천지(天地)가 여아동근(與我同根)이고 만물(万物)이 여아일체(與我一切)'라고 했다. '천지가 여아동근이다' 라는 것은 하늘 땅이 나와 더불어 같은 뿌리라는 말이다.

'나와 더불어'라고 했고 또한 한 뿌리가 아니라 같은 뿌리라고 했다. '더불 여(與)'자와 '같을 동(同)'자가 이미 하나라 할 수 없다는 것을 말해주고 있다. 즉 이 말은 하나와도 같다, 한결같이 똑같다는 말이다. 하나라면 '같을 동'자 뿐만 아니라 일이란 글자도 설 수 없다. 일은 이가 있을 때에야 비로소 설 수 있는 것이다.

그러므로 '천지가 여아동근이다' 즉 하늘과 땅이 나와 더불어 같은 뿌리라는 것은 모든 것이 한결같이 가없는 성품 자체에서 비롯되었다는 말이다.

또한 '만물이 여아일체이다' 즉 만물이 나와 더불어 한 몸이라는 말에서 일체란 하나의 몸을 말하는 것이 아니라 모든 불성이 가없는 성품 자체로 서로 상즉한 온통인 몸을 말하는 것이어서 만물이 나와 더불어 상즉한 자체를 말한 것이다.

공부를 많이 한 사람이 외도에 깊이 떨어지는 경우가 있다. 인가를 받지 못한 선지식들이 모두 체성을 보지 못한 이는 아니다. 가없는 성품 자체에 사무치고 보니 도저히 둘일 수가 없으므로 불성이 하나라고 한 것이다. 그러나 불성이 하나라고 하는 것은 바른 깨달음이 아니다. 그래서 인가를 받지 않으면 외도라 하는 것이다. 체성에 사무쳤다 해도 스승의 지도를 받아 일체종지를 이루지 못하면 이런 큰 허물을 짓는 것이다.
만약 불성이 하나라고 하는 이가 있으면 "아픈 것을 느끼는 것이 몸뚱이냐, 자성이냐?"라고 물어야 한다. 그러면 당연히 누구나 자성이라고 답할 것이다. 만약 몸뚱이가 아픔을 느끼는 것이라면 시체도 아픔을 느껴야 하기 때문이다. 이렇게 볼 때에 자성이 하나라면 누군가 아플 때 동시에 모두 아픔을 느껴야 할 것이다. 또한 한 사람이 생각을 일으킬 때 이를 모두 알아야 한다. 불성이 하나라면 마음도 하나여서 다른 마음이 있을 수 없기 때문이다.

상즉 相卽

모든 불성이 근본에 있어서 하나인 양 나뉨이 없는 것을 상즉이라 한다.

안팎이 없는 체성에 사무친 이 가운데 어떻게 가없는 이 가운데에서 내 불성, 네 불성이 있느냐고 하는 이가 있다. 이 선실에 수없는 연등불이 켜져 있는데 방 안에서 각각의 불빛을 가려낼 수는 없다. 그러나 한 등 끄면 끈 만큼, 켜면 켠 만큼 어두워지고 밝아진다. 이것이 각각의 등불빛을 가려낼 수는 없으나 제구실은 제각기 하고 있다는 증거이다. 이 방의 여러분들도 이와 같이 각각 심외무물의 경지에 사무쳐 변만해 있으나 서로간에 걸리고 장애됨이 없는 가운데 상즉해 있다.

우리의 불성은 등불과도 또 다르다. 등은 매달린 자리라도 따로 있지만 체성은 있는 자리도 따로 없이, 각각 제구실을 제각기 하되 서로 걸림 없이 자유자재하다. 이것을 일러 불가사의한 묘유(妙有)의 세계라 하는 것이다.

여러분이 이 법문을 들으면서 수용하고 생각하는 것이 각
각 서로 다른 가운데, 모두 안팎 없는 경지에 사무쳐 있지
않은가. 또한 그 가운데 걸림이 없지 않은가.

돈오돈수
頓悟頓修

제방에 돈오돈수(頓悟頓修)에 대한 여러 가지 서로 다른 주장으로 시비가 끊어지지 않고 있다. 이로 인해 수행자들이 견성하면 더 이상 닦을 것이 없다는 그릇된 견해에 집착하거나 의심을 일으킬까 염려하여 여기에 바른 돈오돈수의 이치를 밝히고자 한다.

견성이 곧 돈오돈수라고 하는 분들이 많다.
그러나 견성이 곧 구경지인 성불이라면 돈오면 그만이지 돈수란 말은 왜 해놓았겠는가?
또한 오후보림(悟後保任)이라는 말은 무슨 말인가.

금강경에는 네 가지 상(我相, 人相, 衆生相, 壽者相)만 여의면 곧 중생이 아니라는 말이 수없이 되풀이되고 있다.
그런데 제구 일상무상분(第九 一相無相分)을 볼 때 다툼이 없는(곧 모든 상을 여읜) 삼매인(三昧人) 가운데 제일인 아라한도 구경지가 아니니 보살도를 닦아 등각을 거쳐야 구경성불인 묘각지에 이르른다는 사실을 알 수 있다.
또한, 제이십삼 정심행선분(第二十三 淨心行善分)을 보면 부처님께서 "아도 없고, 인도 없고, 중생도 없고, 수자도 없는 가운데 모든 선법(善法)을 닦아야 곧 아뇩다라삼먁삼보리를 얻는다."라고 말씀하시고 있으니 이것은 다름이 아니라 견성한 후에 견성을 한 지혜로써 항상 체성을 여의지 않고, 남은 업을 모두 닦아 본래 갖춘 지혜덕상을 원만하게 회복시켜야 구경성불할 수 있다는 말씀이다.

그렇다면 어째서 돈수일까?
'돈'이란 시공이 설 수 없는 찰나요, '수'란 시간과 공간 속에서 닦는 것이다.
단박에 마친다면 '돈'이면 그만이고, 견성 이전이든 이후든 닦음이 있다면 '수'라고만 할 것이지 어째서 돈과 수가 함께할 수 있을까? 그야말로 물의 차고 더움은 그 물을 마셔본 자만이 알듯이 깨달은 사람만이 알 것이다.

사무쳐 깨닫고 보니 시공이 서지 않아 이러-히 닦아도 닦음이 없으니 네 가지 상이 없는 가운데 모든 선법을 닦는 것이요, 단박에 깨달으니 색공(色空)이 설 수 없어 이러-한 경지에서 닦음 없이 닦으니 네 가지 상이 없는 가운데 모든 선법을 닦는 것이다.
이와 같이 깨달아서 깨달은 바 없고, 닦아서는 닦은 바 없이 닦아, 남음이 없는 구경지인 성불에 이르는 과정을 돈오돈수라 한다.

견성하면 마음 이외의 다른 물건이 없는 경지인데 어떻게
닦음이 있을 수 있는가 하고 의심하는 분들이 많다. 그러
나 견성했다 해도 헤아릴 수 없는 겁 동안에 길들여온 업
으로 인하여 경계를 대하면 깨달아 사무친 바와 늘 일치
하지는 못한다.
그래서 견성한 지혜로써 항상 체성을 여의지 않고 억겁에
익혀온 업을 제거하고 지혜 덕상을 원만하게 회복시켜야
구경성불할 수 있다.
이것이 앞에서 밝혔듯 금강경에서 부처님께서 하신 말씀
이요, 돈오돈수를 주창한 당사자인 육조 대사님께서 하신
말씀이다.

육조단경 돈황본 이십칠 상대법편과 이십팔 참됨과 거짓
을 보면 육조 대사님께서 당신의 설법언하에 대오하고도
슬하에서 3, 40년간 보림한 십대 제자들을 모아놓고 말
씀하신다.
"내가 떠난 뒤에 너희들은 각각 일방의 지도자가 될 것이
다. 그러므로 내가 너희들에게 설법하는 것을 가르쳐서

근본종지를 잃지 않도록 해주리라. 나오고 들어감에 곧 양변을 여의도록 하라." 하시고 삼과(三科)의 법문과 삼십육대법(三十六對法)을 설하셨다.

뿐만 아니라 2, 3개월 후 다시 십대 제자들을 모아놓고 "8월이 되면 세상을 떠나고자 하니 너희들은 의심이 있거든 빨리 물어라. 내가 떠난 뒤에는 너희들을 가르쳐 줄 사람이 없다." 하시며 진가동정게(眞假動靜偈)를 설하시고 외워 가져 수행하여 종지를 잃지 않도록 하라고 거듭 당부를 하시고 있다.

이것을 보아서도 이 사람이 말한 돈오돈수와 육조 대사께서 말씀하신 돈오돈수가 같다는 것을 알 수 있을 것이다.

다시 한 번 밝히자면 돈오란 자신의 체성을 단박에 깨닫는 것이요, 돈수란 깨달은 체성의 지혜로써 닦음 없이 닦는 것으로 이것이 곧 오후 보림이며, 수행자들이 퇴전하지 않고 구경성불할 수 있는 바른 수행의 길이다.

다음은 전등록 제 9권에서 추출한 것이다.

"돈오(頓悟)한 사람도 닦아야 합니까?"

"만일 참되게 깨달아 근본을 얻으면 그대가 스스로 알게 될 것이니 닦는다, 닦지 않는다 하는 것은 두 가지의 말일 뿐이다. 처음으로 발심한 사람들이 비록 인연에 따라 한 생각에 본래의 이치를 단박에 깨달았으나 아직도 비롯함이 없는 여러 겁의 습기(習氣)는 단박에 없어지지 않으므로, 그것을 깨끗이 하기 위하여 현재의 업과 의식의 흐름을 차츰차츰 없애야 하나니 이것이 닦는 것이다. 그것에 따로이 수행하게 하는 법이 있다고 말하지 마라.

들음으로 진리에 들고, 진리를 듣고 묘함이 깊어지면 마음이 스스로 두렷이 밝아져서 미혹한 경지에 머무르지 않으리라. 비록 백천 가지 묘한 이치로써 당대를 휩쓴다 하여도 이는 자리에 앉아서 옷을 입었다가 다시 벗는 것으로써 살림을 삼는 것이니, 요약해서 말하면 실제 진리의 바탕에는 한 티끌도 받아들이지 않지만 만행을 닦는 부문에서는 한 법도 버리지 않느니라. 만일 깨달았다는 생각마저 단번에 자르면 범부니 성인이니 하는 생각이 다하여, 참되고 항상한 본체가 드러나 진리와 현실이 둘이 아니어서 여여한 부처이니라."

다음은 전등록 제 9권에서 추출한 것이다.
"무엇이 돈오(頓悟)이며, 무엇을 점수(漸修)라 합니까?"
"자기의 성품이 부처와 똑같다는 것은 단박에 깨달았으나
비롯함이 없는 옛적부터의 습관은 단박에 제거할 수 없으
므로 차츰 물리쳐서 성품에 따라 작용을 일으켜야 하니,
마치 사람이 밥을 먹을 때에 첫술에 배가 부르지 않는 것
과 같습니다."

간화선인가
묵조선인가

나에게 "당신의 지도는 간화입니까, 묵조입니까?"라고 묻는 이들이 있다. 나의 지도법에는 애당초부터 간화니 묵조니 하는 것이 없다. 가없는 성품 자체로 일상을 지어가라는 말이 바로 그것을 대변해주고 있다. 묵조선과 간화선이 나뉜 것은 육조 대사 이후여서 육조 대사 당시까지만 해도 묵조선이니, 간화선이니 하여 나누지 않았다. 나는 육조 대사 당시의 법을 그대로 펴고 있는 것이다.

묵조선과 간화선은 원래 종파가 아니다. 지도받는 이의 근기에 따라 지도한 방편일 뿐이다. 들뜬 생각과 분별망상에서 이끌어내기 위한 방편으로 지도한 것이 묵조선이다. 그렇게 이끌어서 깨달아 사무치면 깨달아 사무친 경지가 일상이 되게끔 다시 이끌어 주어야 하는 것이다.

달마 대사를 묵조선이라고 하는데 중국에 오기 전 달마 대사가 육파외도(六派外道)를 조복시키는 대목을 보면 달마 대사가 묵조선이 아니라는 것이 역력히 드러난다.

다만 황제가 법문을 할 정도였던 그 시대의 교리 위주의 이론불교를 근본불교에 이르게 하기 위한 방편으로 "밖으로 반연하여 일으키는 모든 생각을 쉬고 안으로 구하는 마음마저 쉬어라."라고 가르친 것이다. 간화선도 마찬가지여서 화두라는 용광로에 일체 분별망상을 녹여 없앰으로써 밖으로 반연하여 일으키는 모든 생각을 쉬고, 안으로 구하는 마음마저 쉬게 하여 깨닫게끔 한 것이다.

즉 화두를 들어도 이런 경지에 이르러야 깨달을 수 있는 것이다. 오롯이 끊어지지 않게 화두를 들어서 오직 이러한 경지에 이르러 있다가 어떤 경계에 문득 부딪힘으로써 깨닫게 된다. 결국에는 화두인 모든 공안도리 역시 사무쳐 깨닫게 하기 위한 방편이다.

그러므로 수기설법(隨機說法)하고 응병여약(應病與藥)해야 한다. 나 역시 제자가 이러한 경지에 사무쳐 깨닫게끔 하지만, 이미 사무친 연후에는 가없는 성품 자체에 머물러 있으려고만 하지 말고, 그 경지에서 응하여 모자람 없도록 지어나가야 한다고 지도한다.

묵조나 일행삼매(一行三昧), 어느 쪽도 모든 이에게 정해 놓고 일정하게 주어서는 바른 지도가 될 수 없는 것이다. 내가 앉아서 선화할 때에는 오직 심외무물의 경지만 오롯하게끔 지으라고 지도하는 것은 어떻게 보면 묵조선이다. 그것이 가장 빨리 업을 녹이는 방법이기 때문에 그렇게 지도하는 것이다.

그러나 활동할 때는 가없는 성품 자체로 일상을 지어 가라고 지도했으니 이것은 곧 일행삼매에 이르도록 지도한 것이다. 안팎 없는 경지를 여의지 않는 것이 삼매이니, 일상생활 속에서 여의지 않는 가운데 보고 듣고, 보고 듣되 여의지 않는 그것이 일행삼매이다.

그렇다면 나는 한 사람에게 묵조선과 일행삼매를 다 가르치고 있는 것이 된다. 묵조선이라고 했지만 앉아서는 생사해탈을 위한 멸진정을 익히도록 하고, 그 외에는 다 일행삼매를 짓도록 지도하고 있는 것이어서 한편으로 멸진정을 익히는 가운데 조사선을 짓고 있는 것이다.

어떠한 약도 쓰이는 곳에 따라 좋은 약이 되기도 하고 사

약이 되기도 한다. 스승이 진정 자유자재해서 제자가 머물러 있는 부분을 틔워주는 지도를 할 때 그것이 약이 되는 것이다.

그러므로 '나는 간화선만을 가르친다.' 그렇게 지도해서는 안 된다. 부처님께서도 수기설법하라 하셨다. 병을 치료해 주는 것이 약이듯 그 기틀에 맞게끔 설해 주는 것이 참 법이다.

무유정법(無有定法)이라 하지 않았는가. 그 사람의 바탕과 익힌 업력과 현재의 경지 등 모든 것을 참작해서 거기에 알맞게 베풀어 주어야 한다.

부처님의 경을 마가 설하면 마설이 되고, 마경을 부처님께서 설하시면 진리의 경전이 된다는 것도 바로 이런 데에서 하신 말씀이다.

어느 한 종에만 편승하면 안 된다. 우리는 이 속에 오종칠가(五宗七家)의 법을 다 수용해야 된다. 어느 한 법도 버릴 수 없다. 모든 근기에 알맞도록 설해 주고 이끌어 줄 수 있어야 하기 때문이다.

그래서 다만 응하여 모자람이 없이 병에 의하여 약을 줄 뿐, 정해진 법이 없어서 어느 한 법도 따로 취함이 없어야 하는 것이다.

육조 대사께 행창이 찾아와 부처님 열반경 중에서 유상(有
常)과 무상(無常)을 가지고 물었을 때 행창이 무상이라 하
면 육조 대사는 유상이라 하고, 행창이 유상이라 하면 육
조 대사는 무상이라 했다. 왜냐하면 원래부터 무상이니 유
상이니가 있을 수 없어서, 부처님께서는 다만 유상이라는
집착을 벗어나게 하기 위해 무상을 말씀하시고, 무상이라
는 집착을 벗어나게 하기 위해 유상을 말씀하셨을 뿐이거
늘, 행창은 열반경의 이 말씀에 묶여 있었기 때문이다.
육조 대사가 이러한 이치에 대해서 설하자 행창이 곧 깨
닫고 오도송을 지어 바쳤다.
이렇게 수기설법할 때 불법이다. 수기설법하지 못하면 임
제종보다 더한 것이라 해도 불법일 수 없다.
각각 사람의 근기가 다른데 어떻게 천편일률적인 방법으
로 똑같이 교화할 수 있겠는가.

불상은
세계적으로
통일되어야 한다

부처님께서 갖추신 32상 80종의 훌륭하고 묘한 상호는,
당생에 문득 이루어진 것이 아니라, 헤아릴 수 없는 세월
동안 수행으로 닦고 닦아서 근본 성품에 지닌 모든 지혜
와 작용으로 이룬 복과 덕의 결정체이다.

관상 즉 심상이라는 말이 있다.
관상뿐만 아니라 모든 상호가 곧 심상이라는 말이다.
불상을 다만 상으로만 치부해버릴 수 없는 이유이다.

국보 24호인 석굴암의 불상은 세계인들에게 가장 조화롭
고 아름다운 완벽한 조형물이라고 불려지고 있다.
이것은 단순히 석굴암의 불상에 한한 찬사만은 아니라고
본다. 그만큼 부처님 상호 즉 불상이 만인에게 주는 감동
과 여운의 진폭이 큰 데에서 빚어진 반응이리라.

누구든 사찰의 유명한 불상을 보며 자신도 모르게 숙연해
진 적이 있을 것이다.

한없이 깊고 깊은 고요함, 모든 어둠을 다 밝혀주는 듯한
청정함, 어떤 고통도 다 감싸 안아줄 것 같은 자애로움에
때로 불상의 미소와 같은 그윽한 미소를 가득 머금거나 때
로 눈물을 뚝뚝 떨구어본 이도 있을 것이다.

그 모든 것이 불상에 깃들여져 있는 부처님의 심상이 우리
의 마음에 아로새겨지면서 일어나는 내면의 감응이라 할
것이다. 또한 부처님의 대자대비심과 그 가피력이 그대로
천하의 만인에게 미치고 있는 것이다.

부처님의 법문은 다만 경전을 통해서만 전달되는 것이 아
니다. 법을 모르는 이에게는 경전이 다만 흰 것은 종이요
검은 것은 글씨인 것에 불과할 수도 있다.

그러나 불상은 그야말로 누구에게나 곧바로 전할 수 있는
불법의 가장 직접적인 가르침이 아닐까.

불상은 모든 사람들에게 언제나 진선미의 마음을 불러일으
킨다. 그리고 불상을 보며 사람들은 자신이 처한 상황에 따
라 감응하여 각자 새로운 힘을 얻는다.

그렇기 때문에 불상만은 경전의 말씀인 32상 80종의 상호에 의해 세계 공통의 불상으로 조성되어야 한다고 본다.

32상호 중 몸이 금색으로 된 모습인 금색상이나, 부처님의 정수리가 솟은 모습인 정상육계상(頂上肉髻相), 손이 무릎까지 내려간 모습인 정립수마등상, 눈이 연꽃 같은 모습인 진청안상 등은 우리들이 흔히 알고 있는 것이다. 이러한 모습이 세계 공통의 불상으로 조성된다면 모든 불상들을 통해 부처님의 가르침과 가피력이 보이지 않는 내면의 울림으로 전해질 것이다.

인도, 중국, 캄보디아, 라오스 등 불상이 많은 국가들을 가보면 각국의 국민성향이나 지역 문화에 따라 조성된 불상들을 볼 수 있다. 그곳의 불상들은 경전의 말씀에 의거해서 조성되어 있지 않기 때문에 불상이라기보다는 인상(人像)이라고 할 수밖에 없는 불상들이 많다. 이러한 모습이 불상으로 모셔진다면 불법의 존엄한 큰 가르침이 손실될 것이다.

부처님의 모습이야말로 그대로 진리이다. 세상에서는 형상과 마음이 다르다고 하지만, 불법에서는 물질과 정신이 동일하다고 한다.

앞에서 일렀듯이 부처님의 모습은 모습이 아니라 그대로가 마음의 꽃피움, 마음의 결정체이기 때문이다.

불법 최고의 경전인 화엄경을 보아도 모든 불보살님들이 중생들에게 감응을 주기 위해 마음의 지혜광명을 발휘하여 일체의 현묘한 장엄을 하시니 화엄경 전체가 그 장엄의 세계이다.

다시 한 번 말하지만, 그 헤아릴 수 없는 복과 덕의 감화와 가피를 입어 모든 이들이 두루 마음의 고난을 면하고 참나를 깨달아 행복한 삶을 누리는 날을 앞당기기 위해서라도 불상만은 세계 공통의, 경전에 근거한 불상으로 조성되어야 한다고 본다.

불교종단은
깨달은 분에 의해
운영되어야 한다

불교 정상의 지도자는 깨달아 일체종지를 이룬 분으로서, 어떤 이보다도 그 통달한 지혜와 덕과 복을 갖춤이 뛰어나고, 멀리 앞을 내다보는 안목을 지니고 있어야 한다. 그리고 불교 종단은 그분의 말이 법이 되어야 하고, 그분의 지시에 의해 운영되어야 한다.

당연하게 여겨져야 할 이 일이 새삼스러운 일로 여겨지는 것이야말로 크게 개탄해야 될 오늘날 불교계의 현실이다. 왜냐하면 이 일이 새삼스러워진 것만큼 부처님 당시의 법에서 그만큼 멀어졌다는 것을 의미하기 때문이다.

석가모니 부처님 생전에는 부처님 말씀 그대로가 법이었다. 그리고 부처님은 깨달음을 제 1의 법으로 두셨다. 그렇기 때문에 부처님의 모든 법문을 가장 많이 알고 있는 다문제일 아난존자가 깨닫지 못했다는 이유로 부처님 열반 후, 제1차 경전 결집에 참여할 수 없었던 것이다.

이변인 법에 있어서 뿐만 아니라 사변인 승단의 행정에 있어서도 마찬가지였다. 계율을 정하고, 대중을 통솔하고, 승단을 운영하는 일까지 부처님께서 직접 지시하셨다.

모든 제자들은 부처님의 말씀을 따라 그 지시대로 한 마음, 한 뜻으로 부처님의 손발이 되었을 뿐이다. 부처님의 지시야말로 과거, 현재, 미래를 내다보는 안목의 가장 이상적인 행정이었기 때문이다.

우리나라 역시 근대에만 해도 깨달아 법력을 지닌 분이 종정을 지내셨을 때에는 그분의 말씀이 법이었고, 인가받은 분들이 종회에 계실 때에는 그분들의 말씀을 받들어 종단의 행정이 운영되었다.

하동산 선사나 금오 선사, 효봉 선사 같은 분들이 종정이셨던 1950~60년대까지도 그러하였으니, 종정이 종단 전체의 주요 안건을 결정하는 결정권을 가지고 있었다.

종회 역시 혜암 스님, 금오 스님, 춘성 스님, 청담 스님 등 만공 선사 회상에서 인가 받은 분들이 종회에 계실 때에는 그분들의 뜻에 의거하여 종회 의원들이 승단의 일을 처리하였다.

그러므로 현재에 있어서도 만약 종회에 의해 종단이 운영되어야 한다면, 종회는 깨달아 보림한 분으로 구성되어야 한다. 그러한 종회라면 금상첨화여서 가장 훌륭한 불교종단운영이 될 것이다. 그러나 그것이 어려워서 깨달아 보림해서 일체종지를 통달한 분이 종정 한 분이라면, 그 한 분에 의해 모든 통솔이 이루어져야 한다. 만약 깨닫지 못한 분으로 이루어진 종회나 총무원에 의해 종단이 운영된다면, 십중팔구 그것은 진리가 아닌 세속적인 판단으로 흘러가기 때문이다.

이것은 불교 종단뿐만 아니라 한 절에 있어서도 마찬가지이다. 법이 가장 뛰어난 분으로 그 절의 운영이 이루어져야 바른 운영이 이루어진다. 그래서 선을 꽃피웠던 중국에서도 56조 석옥 청공 선사에 이르기까지 대대로 공부가 가장 많이 된 분인 조실이 주지를 겸하여 절 일을 보셨다. 조실과 주지가 다른 분이 아니었으니, 이판과 사판이 나뉘어지지 않았다.
이판을 운용하는 것이 사판이기 때문에, 이판과 사판은 본래 나뉠 수 없는 것이다. 이판에 있어서 깨달은 분이어야 하는 것처럼, 사변을 운용하고 다스리는 사판에 있어서도 다를 수 없다고 본다.

일체유심조, 마음이 세계를 빚어내듯 모든 이치를 운용하는 지혜가 있어야 사변에 있어서도 자유자재의 운영이 가능하기 때문이다.

일체 모든 진리를 설한 경전과 일체 모든 실천규범을 정한 율로 이사일치의 수행을 현실화했던 석가모니 부처님, 무위도식하거나 말로만 떠드는 수행을 경계하여 '일일부작이면 일일불식하라'는 승가의 규율을 통해 일상 그대로인 선을 꽃피우고자 했던 백장 선사, 생생히 살아 숨쉬는 불법의 역사 어디에도 이판과 사판이 나뉘었던 적은 없었다.

불법은 이름 그대로 부처님의 법이다.

부처님 당시의 법이 오늘에 되살려져, 항상한 이치가 응하여 모자람 없는 다양한 방편으로 변주되어, 만인의 삶이 불법의 가피와 축복 속에 꽃피고 열매 맺을 수 있도록, 불교 종단의 운영은 반드시 깨달아 일체종지를 통달한 분에 의해 이루어져야 한다고 본다.

조계종을
육조정맥종이라고
이름한 이유

불법이 석가모니 부처님으로부터 28대 달마 대사에 이르러 동토에 전해지고 다시 33조인 육조 대사에 의해 가장 활발하고 왕성한 황금시대를 이루었다. 그래서 우리나라의 정통 불교종단에 조계종이라는 이름이 붙여진 것이다. 육조 대사께서 생전에 조계산에 주하셨고, 대부분의 선사들의 호로 계신 곳의 지명이나 산명이 쓰였기 때문이다. 그러므로 조계종의 조계란 육조 대사를 의미하고, 조계종이란 결국 육조 대사의 법을 의미하며 조계종단은 육조 대사의 법을 받아 이어가는 종단이다.

그러나 조계는 육조 대사께서 정식으로 스승에게 받은 호가 아니다. 호는 당호라고도 하는데, 대부분 스승이 제자를 인가하며 주는 것이다. 종사와 법을 거량하여 종사로부터 인가를 받고 입실건당의 전법식을 할 때에 당호와

가사, 장삼, 전법게 등을 받는다. 이때, 위에서 말하였듯 주로 그가 살고 있는 절 이름, 또는 지명, 그가 거처하던 집 등의 이름을 취하여 호로 삼는 경우가 많다. 그런데 육조 대사께서 조계산에 주하시기는 하였으나 스승인 오조 홍인 대사는 육조 대사에게 조계라는 호를 내린 적이 없다. 또 육조 대사 역시 생전에 조계라는 호를 쓴 적이 없다.

대부분의 사전에 육조 대사를 조계 대사라고도 한다고 되어 있는데, 이것은 후대인들이 지어 부른 것이다. 만약 '조계'를 육조 대사를 지칭하는 공식적인 명칭으로 쓴다면 이것은 후대인들이 선대의 대선사의 호를 지어 부르는 격이 되니 참으로 예에 맞지 않다고 할 것이다.

이러한 이유에서 조계종이라는 이름이 불교종단의 정식 이름으로 적합하지 않다고 보았고, 또한 육조 대사의 법을 이어받아 바르게 펴는 곳이라는 의미를 담기에 가장 적당하여 육조정맥종이라 이름하였을 뿐, 수덕사 문중 전강 선사님의 인가를 받아 석가모니 부처님으로부터 근대의 대선지식인 경허, 만공, 전강 선사로 이어진 법맥을 이은 이로서 따로이 새로운 종단을 설립한 것이 아니다. 그렇기에 출가함에 있어서 불필요한 논쟁의 소지를 없애기 위해 육조정맥종이라고 이름한 이유와 스스로 한 번도 결제, 해제, 연두법어를 내리지 않았던 까닭이 따로 새로운 종단을 설립한 것이 아니었기 때문이라는 것을 밝히는 바이다.

21세기에
인류가
해야 할 일

이 사람은 1962년 26세 때부터 21세기에 인류에게 닥칠 공해문제, 에너지문제를 예견하고 대체에너지(무한원동기, 태양력, 파력, 풍력 등) 개발과 '울 안의 농법'을 연구하고 그 필요성을 많은 이들에게 이야기해 왔습니다. 당시에는 너무 시대를 앞서가는 이야기여서인지 일반인들이 수용하지 못하고 오히려 불신의 눈으로 바라보며 이 사람의 법마저 의심하였습니다. 하지만 현대에 있어서는 이것이 인류가 해결해야 할 가장 절박한 사안이 되어 있습니다.

'사막화방지국제연대'를 설립한 것도 현재 인류가 해결해야 할 가장 절박한 지구환경문제를 이슈화시키고 그 해결책을 제시하여 재앙에 직면한 지구촌을 살리기 위해서입니다.

'사막화방지국제연대'에서 추진하고 있는 사막화 방지, 지구 초원화, 대체에너지 개발은 온 인류가 발 벗고 나서서 해야 할 일입니다.

첫 번째 사막화 방지에 있어서 기존에 해왔던 '나무심기 사업'은 천문학적인 예산과 많은 인력을 동원하고도 극도로 황폐한 사막화된 환경을 되살리는 데 실패하였습니다. 그래서 이 사람은 사막화 방지에 있어서는 '사막 해수로 사업'을 새로운 방안으로 제시하였습니다.
사막 해수로 사업은 사막화된 지역에 수도관을 매설하여 바닷물을 끌어들여서 염분에 강한 식물을 중심으로 자연 생태계를 복원하는 사업입니다.
이것은 나무심기 사업으로 심은 나무들이 절대적으로 물이 부족하여 생존할 수 없었던 문제를 해결할 수 있는, 현재로서는 유일한 해결책입니다.

그러나 '사막화방지국제연대'의 목적은 사막이 확장되는 것을 방지하자는 것이지 사막 전체를 완전히 없애자는 것은 아닙니다. 인체에서 심장이 모든 피를 전신의 구석구석까지 골고루 보내어 살아서 활동하게 하듯이 사막은 오히려 지구의 심장 역할을 하는 중요한 곳이기 때문입니다.

그래서 21세기에 있어서는 다만 사막의 확장을 방지할 뿐 아니라 사막을 어떻게 운용하느냐를 연구해야 합니다.

사막에 바둑판처럼 사방이 막힌 플륨관 수로를 설치하여 동, 서, 남, 북 어느 방향의 수로를 얼마만큼 채우느냐 비우느냐에 따라, 사막으로부터 사방 어느 방향으로든 거리까지 조절하여, 원하는 지역에 비를 내리게 하고 그치게 할 수 있습니다. 철저히 과학적인 데이터에 의해 이렇게 사막을 운용함으로써 21세기의 지구를 풍요로운 낙원시대로 만들어가야 합니다.

두 번째로 지구를 초원화할 수 있는 방안으로서 3년간의 실험을 통해, 광활한 황무지 지역을 큰 비용을 들이거나 많은 인력을 동원하지 않고도 짧은 시간 내에 초지로 바꿀 수 있는 식물을 찾아냈습니다.

그것은 바로 '돌나물'입니다. 돌나물은 따로 종자를 심을 필요가 없이 헬리콥터나 비행기로 살포해도 생존, 번식할 수 있으며, 추위와 더위, 황폐한 땅에서도 살아남을 수 있는 생명력과 번식력이 강한 식물입니다.

지구환경을 되살리는 초지조성 사업에 있어서 이것이 큰

도움이 되리라 생각합니다.

세 번째의 대체에너지 개발에 있어서는 태양력, 파력, 풍력 등 1962년도부터 이 사람이 연구하고 얘기해왔던 방법들이 이미 많이 개발되어 실용화한 단계에 있습니다.

이 세 가지 일은 한 개인이나 한 국가가 할 수 있는 일이 아닙니다. 모든 국가가 앞장서서 전세계적인 사업으로 이루어져야 합니다. 모든 국가가 함께 한 기금조성이 이루어져야 하고 기금조성에 참여한 국가는 이 시스템에 의한 전면적인 혜택을 입을 수 있도록 해야 합니다.
인류 모두가 지혜를 모아 이 일에 전력을 다한다면 인류는 유사 이래 가장 좋은 시절을 맞이하게 될 것이며, 만약 이 일을 남의 일인 양 외면한다면 극한의 재앙을 면할 수 없을 것입니다.

이 사람이 오래 전부터 얘기해왔던 '울 안의 농법'은 이미 미국 라스베이거스(Las Vegas)에서 30층짜리 '고층 빌딩 농장'으로 구현되었습니다. 그렇게 크게도 운영될 수 있지만 각자 자신의 집에서 이루어지는 '울 안의 농법'도 필요합니다.

21세기에 있어서 또 하나 인류가 만일의 사태를 대비해서 연구, 추진해야 될 일이 있다면 바닷속에서의 수중생활, 수중경작입니다.

지구가 심하게 온난화될 경우, 공기가 너무 많이 오염될 경우, 바닷물이 높아져 살 땅이 좁아질 경우 등에 대비할 때, 인류는 우주에서의 삶보다는 바닷속에서의 삶을 준비해야 합니다. 왜냐하면 그것이 훨씬 수월하고 비용도 절감할 수 있기 때문입니다.

이렇게 깨달은 이는 이변적으로는 깨달음을 얻게 하여 영생불멸의 삶을 영위할 수 있도록 만인을 이끌어야 하며 사변적으로는 일반인이 예측할 수 없는 백 년, 천 년 앞을 내다보아 이를 미리 앞서 대비하도록 만인의 삶을 이끌어 줘야 한다고 생각합니다.

불법의 뜻은 다만 진리 전수에만 있는 것이 아니니, 만인이 서로 함께 영원한 극락을 누릴 때까지 물심양면으로, 이사일여로 베풀어 교화해야 하기 때문입니다.

대원 문재현 선사님의

지침 指針

대원 선사님께서 근본 불법을 이 시대
에 맞게 펴나가기 위해 이 시대 불교계
와 수행자들, 인류에게 나아가야 할 방
향, 해야할 바를 제시해주신 대목들을
모아놓았습니다.

불교 8대 선언문

불교는 자신에게서 영생을 발견하게 하는 유일한 종교이다.
불교는 자신에게서 모든 지혜를 발견하게 하는 유일한 종교이다.
불교는 자신에게서 모든 능력을 발견하게 하는 유일한 종교이다.
불교는 자신에게서 모든 것을 이루게 하는 유일한 종교이다.
불교는 자신에게서 극락을 발견하게 하는 유일한 종교이다.
불교는 깨달으면 차별 없어 평등하다고 하는 유일한 종교이다.
불교는 모든 억압 없이 자신감을 갖게 하는 유일한 종교이다.
불교는 그러므로 온 누리에 영원한 만인의 종교이다.

전세계 불교계에서 통일시켜야 할 일

경전의 말씀대로 32상과 80종호를 갖춘 불상으로 통일해야 한다.

예불 드리는 법을 통일해야 한다.

불공의식을 통일해야 한다.

정맥선원 운영 5대 지침

1. 정맥선원의 전법선사는 반드시 인가 제자를 내야 한다.
2. 정맥선원은 선(禪) 수행을 근본으로 선원을 운영해야 한다.
3. 정맥선원은 국내외 교화할 수 있는 모든 곳에 선원을 둔다.
4. 정맥선원은 시대에 따른 역경불사를 계속해야 한다.
5. 정맥선원은 전세계 인가제자의 보림원을 전법선사의 거주국에 둔다.

환원의 시대를 맞이한
정맥선원 대중 지침

♣ 우리는 급변하는 자연의 재난과 나라와 나라간의 문제를 극복해야 하는 어려운 환경에 직면해서 어떻게 해가야 할 것인가.

· 우리는 각자 업을 어느 정도 극복했는지, 앞으로는 어떻게 보림할 것인지 비추어보고 계획을 세워 실행해야 한다.

· 우리는 부처님과 중흥조 육조 대사의 법을 바로 펴서 정법이 영원하도록 해야 한다.

· 우리는 철기둥 같은 각오로 이러-히 응하여 모자람 없이 일상에 보은구제를 다해야 한다.

♣ 우리는 '방심은 금물'이라는 것을 마음에 새겨 이렇게 자신을 성찰(省察)하기를 게을리하지 말아야 한다.

인류 7대 교육헌장

1. 서로가 서로를 제 몸처럼 여기는 인성을 철저히 교육한다.
2. 그때 그곳에 알맞는 인구를 조절해 가는 지혜를 철저히 교육한다.
3. 서로서로 항상 베푸는 인심을 기르는 것을 철저히 교육한다.
4. 나라의 발전을 위한 농공 양면의 기술을 철저히 교육한다.
5. 어떠한 경우라도 싸우지 않고 인내로 푸는 것을 철저히 교육한다.
6. 인명을 살생한 자는 일벌백계로 처벌한다.
7. 인명 살상을 막은 자는 그에 합당한 큰 상을 내린다.

마음으로 살기 운동

인류 모두에게 당면한 일을
마음이 내가 된 삶으로 극복합시다
온 누리의 영장인 인류여
마음이 나인 삶을 살아야만이
그 어떤 극한의 재난 속에서도
영원한 삶 속에 참된 행복을 누릴 수가 있습니다
인류여, 마음이 나인 삶으로 전환해야만 합니다
우리 모두 마음이 내가 된 삶을 삽시다
'마음으로 살기 운동'을 전개합시다

정법의 원류

대원 선사님 일대기

Ⅰ. 탄생

🍃 **탄생 배경**

대원 문재현 선사님은 1936년 대한민국 전라남도 광주시에서 문시중님과 최윤심님의 2남 3녀 중 막내로 태어났습니다.

당시 한국은 일본의 식민지배 아래 있었습니다.

'오림 거사'라고도 알려졌던 그의 아버님 문시중님은 한국의 독립운동가였습니다.

일본정부의 정치 수배자였던 그는 칠불암으로 피하여 그곳에서 그 후 6년 동안 수행을 하였습니다.

6년의 수행 이후, 집에 잠깐 들렀는데, 그가 머무는 사이에 대원 선사님이 잉태되었습니다. 대원 선사님을 잉태하였을 때, 그의 어머님은 용이 허리를 감싸 하늘을 뚫

고 나는 꿈을 꾸었습니다. 신기하게도 그녀는 두려움이
나 불편함보다는 오히려 편안함과 기쁨을 느꼈습니다.

🌀 대원 선사님의 어머님

어느 날, 오림 거사님이 집에 잠깐 들른 사이에, 그를 찾
는 일본경찰이 갑자기 집을 수색하려고 찾아왔습니다.
그의 행방을 숨기기 위해 대원 선사님의 어
머님은 오림 거사님을 부엌의 아궁이
에 숨기고 아궁이에 솔잎을 가득 채
워 넣었습니다.
그런 후 그녀는 성냥 한 통을
아궁이 앞에 놓고 불을 땔
준비를 하는 척하였습니다.
설마 불을 피울 준비를 하고
있는 아궁이 안에 그가 숨어
있으리라고 생각하지 못한 일본
경찰은 집을 구석구석 샅샅이 뒤졌지만 오림 거사님을
찾지 못했습니다.
선사님의 어머님은 순간의 머뭇거림도 없이 번개 같은
기지와 용기를 발휘했던 것입니다.

🌀 대원 선사님의 아버님

오림 거사님은 법의 지혜가 뛰어난 이로 백양사의 송만

암 스님이 그를 초청해서 대중들에게
법문을 하게 할 정도였습니다.
또한 그는 어린 대원 선사님의 요청에
의해 죽음의 시간을 12시간 뒤로 미룰
정도로 생사를 초월한 분이었습니다.
오림 거사님의 면모를 보여주는 일화 셋
을 소개하겠습니다.

첫 번째 일화는 그가 얼마나 불법 공부
에 심취해 있었는지를 보여줍니다.
당시에는, 대한민국을 강제로 점령했던
일제의 수탈과 가뭄에 의해 식량이 부
족해서 사람들이 소나무 껍질을 먹으며 연명했는데, 그로
인해 부황이 들어 고생했습니다.
그런데, 대원 선사님의 어머님은 숲에서 야생 도토리를
주워와 삶아서 물에 우려낸 뒤, 콩과 섞어서 다시 삶아
먹였습니다. 그로 인해 온 가족이 부황으로 고
생하지 않았습니다.

어느 날, 대원 선사님의 어머님이 앞마당
에 도토리와 조 이삭 더미를 말
리려고 널어놓았는데, 장대비
가 내려 조 이삭이 쓸려가
수챗구멍을 막았습니다.
곧 마당은 도토리가 우러
나 빨갛게 변한 빗물로
저수지가 되어 넘쳐흘렀
습니다.

오림 거사님은 방에서 불법에 대한 책을 읽고 글을 쓰고
있었는데, 마당 전체에 물이 흘러넘칠 때까지 밖에 무슨
일이 일어나는지 전혀 알지 못했습니다.
대원 선사님의 어머님이 돌아와 주먹으로 마루를 치며
애통해했지만, 역시 오림 거사님은 아무런 동요가 없이
계속 불법 공부에 심취해 있었습니다.

두 번째 일화는 오림 거사님의 예언력을 보여줍니다.
1948년 10월 19일 한국의 전라남도 여수, 순천에서 반
란사건이 일어났습니다. 이 사건은 2차 세계대전 때 일
본이 패망하여 일본의 한국 식민지 지배가 끝난 후, 혼란
스러웠던 한국의 시대상황 속에서 일어난 일입니다.
전라남도 여수에 주둔하고 있던 제14연대 소속의 일부
좌익사상을 가진 군인들이 남한 단독정부 수립을 저지하
기 위해 반란을 일으켰던 것입니다.
당시 오림 거사님의 큰아들 즉, 대원 선사님의 형님은
14연대에 소속된 군인이었는데, 오림 거사님은 아무런
예고 없이 여수 반란 사건이 일어나기 하루 전날, 아들을
찾아갔습니다.
그리고 14연대는 그 어떤 외출이나 외박도 허락될 수 없
는 상황이었음에도 불구하고, 문중의 위급한 일이 있다
며 몇 시간 안으로 아들을 돌려보내겠다고 상관들을 간
곡히 설득하였습니다. 상관들은 할 수 없이 오림 거사님
의 아들을 보내주었습니다.
아버님이 왜 찾아왔는지 까닭을 알 수 없었던 아들은 시
간이 지난 뒤 부대로 복귀하려고 하였습니다.
그때 오림 거사님은 큰아들이 부대로 복귀하는 것을 막

으며 말하였습니다.

"내일 큰 변란이 일어날 것이다. 그러니까 너는 부대로 복귀해서는 안 된다."

이렇게 해서 오림 거사님이 큰아들을 무사히 피신시킨 바로 다음 날, 여수, 순천 반란사건이 터지면서 14연대 장병들은 정부군에 의해서 몰살당하고 말았습니다.

당시 좌익과 우익으로 갈라졌던 세계정세로 인해 사상적인 혼란을 겪었던 한국의 비극적인 역사 속에서 보여준 놀라운 예언력입니다.

세 번째 일화는 오림 거사님이 열반에 들 때의 모습을 보여줍니다.

아마 일반인들의 생각으로는 상상하기 어렵겠지만, 이 일은 당시 13세였던 대원 선사님이 직접 목격한 것입니다.

어느 날, 오림 거사와 대원 선사님 그리고 선사님의 막내 누나를 제외한 모든 식구가 친척 결혼식에 참석하러 갔습니다.

다음 날, 오림 거사님이 두 아이에게 "오늘 밤 12시면 내가 간다."라고 하며 목욕물을 데우게 하였습니다. 목욕을 하고 요를 깔고 누워서 대원 선사님과 선사님의 누나를 양 옆에 앉혔습니다.

"내가 이제 곧 이 세상을 떠난다. 모든 사람은 누구나 다 한 번 이렇게 가는 것이니까 너희들은 절대 두려워하거나 울지 말고 잘 보아두어라."

이렇게 여러 번 당부를 하였습니다.

예언한 시각인 밤 12시가 되자 다시 한 번 말하였습니다.

"자세히 봐라. 사람은 누구나 다 이렇게 간다."

그 말이 떨어지자마자 오림 거사님의 눈동자가 하얗게
되었습니다.

어린 대원 선사님은 두려운 마음에 오림 거사님의 배를
마구 치며 외쳤습니다.

"꼭 가셔야 한다면 내일 낮에 가족들이 다 오신 후에 가
세요."

이 말을 듣자, 오림 거사님이 다시 회생해서 말하였습니다.

"그렇게 무섭냐? 그러면 내가 내일 낮 정각 12시에 가
겠다. 그 안에 연락을 해서 가족을 다 오도록 해라."라고
말한 뒤 다시 일어나서 미래의 세상을 예언하는 글을 썼
습니다.

앞으로는 영어가 세계 공용어가 될 거라고 하면서 그래
서 어린 대원 선사님에게 알파벳을 가르쳤던 것이라고
설명하였습니다. 또한 미래에 생길 여러 가지 불치병들
에 대해 쓰고, 그에 대한 처방도 썼습니다.

그리고 정확하게 다음 날 낮 12시에, 필을 놓고 드러누
워서 예언한 대로 열반에 들었습니다.

오림 거사님은 철저하게 생사에 자재한 모습을 보이고
당신의 의지에 따라 열반에 든 것입니다.

Ⅱ. 어린 시절

🌀 유아독존이로다

대원 선사님의 어린 시절에는 흉년이 잦아 쌀이 부족한 때가 많아서 부족한 식량을 채우기 위해 어른들은 낮에 도토리를 주우러 나가곤 했습니다.

그래서 대원 선사님은 다섯 살이라는 어린 나이부터 혼자서 시간을 보내는 일이 많았습니다.

따뜻한 햇살 아래 마땅히 상대할 사람 없이 혼자 있을 때, 땅에 원상을 그리면서 놀았는데 이때 "유아독존이로다, 유아독존이로다."라는 말이 노랫가락처럼 그의 입술에서 흘러나오곤 했습니다.

그때는 그 말을 수없이 읊으면서도 그 뜻을 전혀 알지 못
했습니다. 나중에 커서 그가 법을 알게 된 후에야 '천상
천하 유아독존'이라는 말이 실제로 있다는 것을 알게 되
었습니다.

🌥 하늘 밖에

7세가 되었을 때 대원 선사님은 의문을 갖기 시작했습니다.
'내가 이렇게 땅 위에 서 있듯이, 땅도 무엇 위에 서 있을
텐데, 그러면 그 무엇도 또 그 무엇 위에….'
이 생각이 나중에 9세 때는 '하늘 저 밖에는 그 밖이 있
을텐데, 그 밖에는 또 그 밖이 있을텐데, 그 밖에는….'라
는 생각으로 발전되었습니다.

이 생각의 흐름이 계속 이어지다보니 한순간 하늘도, 땅
도, 그의 몸마저도 사라져버렸습니다. 그는 시간이 가는
것을 까마득히 잊은 채, 텅 빈 그 자체만이 분명한 경지
에 있었습니다.
나중에 불법을 깨달은 뒤에는 그것이 가없는 본성의 적적
성성한 경지임을 알게 되었지만, 당시에는 그 경지가 어떤
경지인지 알 길도, 표현할 길도 없었습니다.

학교 가는 길에도 그 생각이 일어나면 그 자리에서 그대
로 삼매에 사무쳐 몇 시간이고 서 있었습니다. 그러다가
삼매에서 깨어나면 이미 날이 어두워져 있어 그냥 집으
로 돌아오곤 했습니다.

'하늘 저 밖에는 그 밖이 있을텐데,
그 밖에는 또 그 밖이 있을텐데,
그 밖에는…'

이 일화들을 듣노라면 어린 대원 선사님이 텅 빈 마당에서 햇살이 적막하게 쏟아지는데 무심한 얼굴로 "유아독존이로다"를 뇌이는 모습과 하늘 가득 노을이 젖어가는 정경을 뒤로 한 채 말없이 길에 서 있는 모습이 떠오릅니다.

III. 방랑 시절

🌀 시작 - 사람은 왜 사는가?

18세가 되자, 대원 선사님은 '사람은 왜 사는가?'라는 의문을 갖게 되었습니다.

그래서 마침내 그 답을 찾기 전까지는 돌아오지 않겠다고 다짐하며 집을 나서 무인도로 향했습니다. 가지고 있는 돈으로 살 수 있는 가장 멀리 가는 배표를 사서, 넓고 노란 보리밭이 들판 가득히 펼쳐져 있는 비금도라는 섬에 도착하게 되었습니다.

이곳에서 대원 선사님은 서산사 근처로 풀을 뜯으러 가는 처녀들을 만났습니다. 이 만남으로 인해 그는 서산사의 이월제 노장님을 알게 되어 같이 지내게 되었습니다.

🌀 서산사에서

이월제 노장님은 백양사에서 오랫동안 선을 공부했던 60세가 넘은 청정한 비구스님이었습니다. 이월제 노장님이 대원 선사님에게 자신과 서산사에 같이 있으려면 예불을 드리고 경을 외우라고 하였습니다.

대원 선사님이 이해하지 못하는 것은 외우기 싫다고 거절하자, 이월제 노장님은 그에게 반야심경을 가르쳐주었습니다. '색즉시공 공즉시색' 부분을 들었을 때 대원 선사님은, 어렸을 때 경험했던 이름할 수도 없고 표현할 수도 없었던 가없는 경지와 하나가 되어, 막힌 숨통이 터지듯 열리면서 질문이 쏟아졌습니다.

이것을 들은 이월제 노장님은 "내가 40년 동안 선수행을 했지만 너를 가르칠 수 없다. 네가 말하는 그 경지를 나는 아직 모른다. 너는 여러 생에 걸쳐 불법과의 인연이 깊은 사람이다. 너를 가르칠 수 있는 사람은 오직 나주 다보사의 전강 선사님뿐이다. 그는 젊어서 깨달음을 얻은 것으로 유명하며, 내가 깊이 존경하는 진정한 도인이다."라고 하였습니다.

노장의 배웅

그 후 얼마 되지 않아, 대원 선사님은 이월제 노장님의 소개서를 가슴에 소중히 품고 전강 선사님을 만나기 위해 육지에 있는 다보사로 향했습니다.

대원 선사님이 배를 탈 때, 이월제 노장님은 전강 선사님을 만나 법을 받으면 자기를 구제해달라고 간곡하게 부탁했습니다.

이월제 노장님은 선창가에 서서 손수건을 들어 흔들다가 배가 섬에서 점점 멀어지자 입고 있던 흰 윗도리를 벗어 흰 윗도리가 한 점이 되어 보이지 않을 때까지 흔들어 배웅해 주었습니다.

IV. 행자 시절

🎐 이뭐꼬 화두

다보사에 도착했을 때 대원 선사님은 전강 선사님을 만나지 못하고 그곳의 선원장인 이우화 선사님을 만나게 되었습니다. 그는 대원 선사님에게 전강 선사님은 다보사에 1년에 한 번 정도 방문한다며 그가 올 때까지 다보사에 있어도 된다고 허락하였습니다.

그러던 어느 날, 법당문 밖에 서서 선원장님의 법문을 듣다가 대원 선사님은 처음으로 '이 뭐꼬' 화두를 듣게 되었습니다. 화두를 듣는 바로 그 순간, 화두에 대한 의심이 강하게 일어났습니다. 그 후, 자신도 모르게 화두삼매에 들게 되었지만 그는 당시 그것이 뭔지 알 수 없었습니다. 그리하여 대원 선사님은 다보사에서 웃지 못할 많은 이야기들을 남기게 되었습니다.

🎐 콩밭에서의 삼매

당시 다보사의 유일한 행자였던 대원 선사님은 어느 날, 콩밭을 매라는 지시를 받았습니다.

시간이 가는 줄 모르고 화두에 골몰한 데에서 일을 하다

보니 어느 새 그는 밭 하나를 다 매어버렸습니다.

그런데 문제는 잡초만 뽑은 것이 아니라 콩까지 다 뽑아버린 데에 있었습니다. 저녁이 되자, 이우화 선원장님은 아침 공양을 하고 나가 아직도 돌아오지 않는 젊은 행자가 궁금해지기 시작했습니다. 기다리다 못해 선원장님은 행방불명이 된 행자를 찾으러 밭으로 나섰습니다.

밭으로 온 이우화 선원장님의 눈에 띈 것은 텅 비어서 흙바닥만 남은 콩밭이었습니다.

이우화 선원장님은 놀랍고 기가 막혀 펄쩍펄쩍 뛰었습니다. 선원장님은 대원 선사님이 혼자 일하게 한 것에 대해서 심술을 부린 것이라고 생각하고 절에서 당장에 내쫓으려 하였습니다. 대원 선사님은 자신에 대해 해명할 수 없었습니다. 왜냐하면 어떤 일이 벌어졌는지 그도 알지 못했기 때문입니다. 그는 모든 분별과 망상이 사라진 화두삼매에서 그런 일이 벌어졌다는 것을 설명할 수 없었던 것입니다.

그렇지만 다보사에 계속

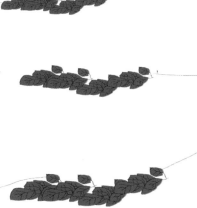

머무르는 것이 전강 선사님을 만날 수 있는 유일한 길이었기 때문에 그는 할 수 없이 맨땅에 무릎을 꿇고 선원장님에게 용서를 빌 수밖에 없었습니다.

그가 하도 간절하게 용서를 빌자 선원장님은 그를 용서하고 다보사에 더 머물러도 좋다고 허락하였습니다.

깨밭에서의 삼매

기가 막힌 이야기는 여기서 그치지 않았습니다.

어느 날 대원 선사님이 깨밭을 매는데 또다시 똑같은 일이 일어났습니다.

처음에는 깨는 세워놓고 잡초만 뽑았습니다. 그런데 곧 자신도 모르게 그는 화두삼매에 들어 어느 새 깨밭의 깨까지 다 뽑아버린 것입니다.

이번에도 또다시 선원장님이 젊은 행자를 찾으러 나섰습니다. 한쪽 구석에 뽑혀지지 않고 서 있는 몇 줄기의 깨와 텅 빈 밭을 본 순간, 선원장님은 할 말을 잃었습니다.

"나가라."

그가 말했습니다. 너무 기가 막혀서 화를 낼 수도 없었던 것입니다.

"꺼져라. 이곳은 너같이 비뚤어진 놈이 있을 곳이 아니다. 너 같은 놈은 전강 선사님을 만나봤자 소용이 없다. 그렇게 훌륭한 도인이 너 같은 놈을 만날 이유가 없다."

대원 선사님 자신도 너무 기가 막혀서 왜 그랬냐고 물었을 때도 아무 말도 할 수가 없었습니다.

"정말 왜 그랬는지 모르겠습니다. 고의로 한 것은 아닙니다."
넋이 나간 표정으로 대원 선사님이 말했습니다.
그는 전강 선사님을 딱 한 번만이라도 볼 수 있게 이곳에 있게 해달라고 선원장님에게 다시 빌었습니다.
그가 하도 간절하게 빌었기 때문에 선원장님도 두 손을 들고 돌아가며 말했습니다.
"허 참! 죽일 수도 살릴 수도 없구나."
그날 밤, 대원 선사님은 저녁을 굶어야 했습니다.
이때쯤에는 이 행자에 대한 소문이 절에 퍼져서 신도들이 눈총을 주고 손가락질하며 그를 박대하기 시작했습니다.

🍃 경현리 저수지에서의 삼매

대원 선사님은 전강 선사님을 만나야 한다는 일념으로 다보사에서의 힘든 일과 모든 박대를 참을 수 있었습니다.
그러던 어느 날, 또다른 사건이 벌어졌습니다.
다보사에서 한국 전쟁 때 죽은 군인들 위령제를 지내기 하루 전날이었습니다.
대원 선사님은 위령제를 지내는 데에 필요한 물건을 적은 종이를 서평등행 보살에게 전달하여 장을 보게 하라는 지시를 받았습니다.
이 심부름을 가는 길에 선사님은 경현리 저수지 옆을 지나가다가 떨어지는 물소리를 듣고 저절로 다시 삼매경에 들게 되었습니다.
온통 가없는 경지 그 자체 뿐. 태양빛처럼 밝은 것도, 달빛처럼 밝은 것도, 불빛처럼 밝은 것도 아닌, 다만 가없는 자체만이 스스로 분명한 경지….

　　　　깨어났을 땐 이미 어두워져 있었고, 아무 생각 없이 그는 절로 돌아갔습니다.

　　　　절 입구로 들어서면서 초조하게 기다리고 있는 선원장님과 보살들을 봤을 때 그제서야 아침에 받았던 지시가 생각났습니다.

"아차!"

그러나 이미 늦었습니다.

누군가 "장은 봐왔는가?"라고 물었습니다.

그는 답을 할 수가 없었습니다.

선원장님이 물었습니다.

"이놈아! 너 뭐하고 있었느냐? 여태까지 뭘 하고 있었더냐?"

대원 선사님이 답하였습니다.

"경현리 저수지에 앉아 있었습니다."

"거기서 뭘 했느냐?"

"아무 것도 하지 않았습니다."

"이 못된 놈! 너 혼 좀 나야겠구나."

하지만 그를 혼낼 사이도 없이 선원장님은 서평등행 보살 집으로 뛰어가 도울 수 있는 사람들을 최대한 모아서 다음 날 새벽 장을 보게 하였습니다.

절 전체가 비상사태가 되어 모두가 위령제 준비를 정신없이 해야 했습니다. 하지만, 그렇게 하고도 음식 장만이 늦어져서 위령제를 제시간에 하지 못하게 되었습니다.

절의 대중들은 이때부터 모두 대놓고 대원 선사님을 미워하기 시작했습니다.

"내 눈 앞에서 꺼져!"

이렇게 말하며 그에게 더 이상 심부름도 시키지 않았습

니다.

절의 보살들이 그에게 그날 뭐했냐고 추궁하면 대원 선사님은 죄수처럼 고개를 숙이고 "저수지에 있었습니다."라고 말할 수밖에 없었습니다.

"저리 가! 너는 밥 먹을 자격도 없어."

그는 더 이상 다보사에 있게 해달라고 빌 수도 없었습니다. 너무 기막히고 답답해 행자의 눈에는 눈물이 흘러내렸습니다.

"콩밭에서나, 깨밭에서나, 심부름을 갔을 때나 제가 잘못한 것은 압니다. 하지만 정말 저는 왜 그랬는지 모릅니다. 나가라고 하시면 나가겠지만 제가 고의로 했다고는 생각하지 말아주십시오. 언젠가는 전강 선사님을 만날 날이 올텐데 그분이 저를 못된 놈으로 생각하지 않기를 바랍니다. 부처님께 맹세코 저는 절대로 나쁜 의도를 가지고 일부러 한 것이 아닙니다."

행자가 눈물을 흘리며 간절히 말하는 모습에 선원장님은 전강 선사님이 곧 오실 거라고 말하며 다보사에 조금 더 있을 수 있도록 허락하였습니다.

🦋 메주콩 쑤기 삼매경

저수지 일 이후 메주를 만들려고 콩을 삶다가 또 한바탕 큰 일이 터졌는데, 이번에는 이 일이 선원장님과 절 대중들의 오해를 푸는 계기가 되었습니다. 이른 겨울에, 대원 선사님은 불이 타고 있는 아궁이 앞에 앉아 콩을 삶다가 다시 삼매경에 들게 되었습니다.

그래서 아궁이에 나무를 가득 채우고는 아궁이 옆에 있는 작은 방으로 들어갔습니다. 그는 거기서 가없는 자체로 시간이 가는 줄 모르고 앉아있었습니다.

얼마나 많은 시간이 흘러갔는지 모릅니다. 작은 소리가 들렸습니다. 처음에는 개미소리같이 작은 소리였는데 점점 커지면서 폭탄 터지는 소리가 되었습니다. 그는 그것이 지팡이로 마룻바닥을 치는 소리라는 것을 그제서야 어렴풋이 알았습니다.

"야 이놈아! 지금 당장 나와! 다리를 분질러버리겠다!" 선원장님이 주위의 산천이 울릴 만큼 크게 소리를 질렀지만, 대원 선사님은 무엇 때문에 소리를 지르는지 전혀 알 수가 없었습니다. 나중에 알고 보니 아궁이에 올려져있던 솥의 콩이 석탄처럼 까맣게 타버린 것이었습니다. 선원장님은 방안으로 뛰어들어가 아직 삼매에서 깨어나지 못한 대원 선사님의 멱살을 잡았습니다. 그러더니 갑자기 대원 선사님을 두고 황급하게 뛰쳐나갔습니다. 그리고는 완전히 달라진 태도로 대원 선사님을 불렀습니다.

"야, 너 이리 나와봐라."
선원장님이 손짓을 하며 조용한 목소리로 말했습니다.

"너 도대체 어떤 녀석이냐? 이리 나와봐라." 대원 선사님은 부드러워진 선원장님의 목소리에 이끌려 방에서 천천히 기어나갔습니다. 그의 앞에 섰을 때 선원장님은 말 한 마디도 없이 갑자기 대원 선사님의 바지를 단번에 내려버렸습니다.

"허! 아무렇지도 않잖아."

행자의 엉덩이를 보며 말했습니다.
"발목 좀 보자."
역시 멀쩡했습니다.
선원장님이 말했습니다.
"이놈 좀 봐라. 아무렇지도 않잖아. 신기하네."
선원장님이 물었습니다.
"너 그 안에서 무엇을 하고 있었냐?"

"아무 것도 하지 않았습니다."
"너 무슨 생각을 하고 있었냐?"
선원장님이 그렇게 자세히 물으니까 비로소 대원 선사님의 입에서 말이 나왔습니다.
"선원장님께서 대중에게 법문을 하실 때 이뭣꼬 화두에 대해서 말씀하시는 것을 들었습니다. 그것을 듣고 이렇게 되었습니다."
"하! 그러면 콩밭에 있을 때 그랬었다는 말이냐?"
"네."
"깨밭에 있을 때도?"
"네."
"경현리 저수지에 있을 때도 그랬단 말이냐?"
"네."
"지금 이 방에 앉아 있을 때도 그렇게 있었냐?"
"네."
이것을 들은 선원장님은 놀라워하면서 말하였습니다.

"왜 그런 말을 하지 않았느냐? 무슨 일이 있었는지 얘기했더라면 그런 핍박들을 면했을텐데. 이제부터는 네가 원하는 만큼 공부해라. 아무도 너한테 심부름도 시키지 않을 것이다. 영산각에 있으면서 먹고 자거라. 내가 네 똥까지 치워주마. 이제부터는 네가 원하는 만큼 공부해라."
상황이 이렇게 변한 까닭은

대원 선사님이 앉아있던 방바닥이 겨울에도 항상 맨발로 다녔던 이우화 선원장님이 들어갔을 때, 발이 타는 것 같아 감시도 견디지 못하고 뛰쳐나올 수 밖에 없을 만큼 뜨거웠기 때문입니다. 그런데, 타오르는 바닥 위에 태연하게 앉아있는 젊은 행자의 모습에 선원장님은 놀라지 않을 수 없었던 것입니다. 방바닥이 새까맣게 타버렸는데도 대원 선사님의 몸에는 덴 자국이 전혀 없자 선원장님은 대원 선사님이 부처님의 가피 아래 있는 특별한 사람이라고 생각했습니다.

🕊 벙어리 행자

그날부터 대원 선사님은 영산각에서 하루에 한 끼를 먹고 묵언하며 용맹정진을 하였습니다.
모두가 그를 벙어리라고 부르기 시작했으며, 마치 다른 사람인 양 그를 받들었습니다.
하루 종일 아무 것도 먹지 않고 침묵 속에 앉아 있다 보면 그의 입술은 풀칠한 듯이 붙어서, 밥을 먹기 전에 개울가로 내려가 입술을 물로 씻어야 했습니다.
하지만 이렇게 간절히 다보사에서 기다렸는데도, 대원 선사님은 전강 선사님을 만나지 못했습니다.

V. 출가

🌊 은사 박인곡 선사님

포공이라는 스님이 대원 선사님을 해인사의 박인곡 선사님에게로 데려갔습니다. 거기에서 대원 선사님은 출가를 하고 계를 받았습니다.

박인곡 선사님은 숲길을 가면 짐승들이 가까이 다가와 손을 핥고 몸을 비빌 정도로 살생의 기운이 없는 인자한 분이었습니다.

다만 인자한 분이었을 뿐만 아니라 생사에 자재했던 훌륭한 선사였습니다. 대원 선사님의 아버님 오림 거사같이, 자정에 열반에 드시려고 하다가 제자의 요청에 따라 다음 날 낮 12시로 열반의 시각을 늦춘 분입니다.

1주일 전부터 열반일과 열반시각을 예언하였고, 정확하게 그 예언한 시각에 해인사 퇴설당에 앉아 80여 명의 제자들에게 둘러싸여 열반하였습니다.

퇴설당에 전국의 제자들이 다 모였는데, 그 중에는 앞에서 말한 포공 스님도 있었습니다.

이 분은 스님이었으나 선 공부에는 관심이 별로 없어 그로 인해 박인곡 선사님에게 꾸중도 많이 들었습니다. 그런데, 스승인 박인곡 선사님에 대해 효도하는 마음만은 최고였습니다. 전국을 돌아다니며 좋은 것만 있으면 구해서 스승에게 바치는 제자였습니다. 그런 분이니 스승이 열반한다고 하니까 울고불고 하기 시작했습니다.

사형 한 사람이 아직 해인사에 도착하지 못한 상황을 말하여 스승이 열반에 드시는 시각을 조금이라도 늦추고자 몸부림을 쳤습니다.

포공 스님은 "도인은 무슨 놈의 도인. 정말로 도인이라면 사형님 오실 때까지 기다려 주셔야지, 꼭 이 시간에 가셔야 합니까?" 하면서 마루를 치며 대성통곡하였습니다.

마치 부모를 잃은 자식처럼 포공 스님이 서러워하자 박인곡 선사님이 다시 살아나 말하였습니다.

"내가 가야 할 시간이 이 시간인데 꼭 그래야 하겠느냐? 그러면 내일 가겠다. 그때까지 오라고 해라."

그리고는 다음 날 오전에 신심명 법문을 마치고 열반하였습니다.

박인곡 선사님은 열반 모습에서 보듯 보통 선사님이 아니었으나 그분의 법도 대원 선사님의 마음을 완전히 만족시켜 주지는 못했습니다.

🌀 100일 잠 안 자기 용맹정진

대원 선사님은 결제 때면 전국의 내노라하는 선사님들을 찾아 공부를 하고, 해제가 되면 박인곡 선사님 회상으로 돌아와 박인곡 선사님을 시봉하며 지냈습니다.

대원 선사님이 박인곡 선사님을 시봉하며 지내던 어느 해였습니다.

강원도 칠성산 법왕사에서 전국의 내노라하는 유명한 선객 80명이 모여 결사를 한다는 말을 듣고 대원 선사님은 거기에 합류했습니다.

이것은 100일 동안 잠을 자지 않는 용맹정진이었습니다. 여섯 명이 교대로 잠을 자면서 입승을 섰습니다.

정진을 시작할 때에는 모두 다 목숨을 거는 각오로 그 기세가 대단했습니다. 그러나, 말이 그렇지 100일을 자지 않는 정진이 수월할 리 없었습니다.

며칠이 지나자, 선방에 앉아있던 스님 한 명이 갑자기 일어나서 멀쩡한 문을 놔두고 창문을 넘어 눈 덮인 마당으로 나갔습니다. 게다가 마치 손에 호미를 쥔 것처럼 있지도 않은 풀을 매는 시늉을 하였습니다. 뭘 하냐고 물어보니 풀을 매고 있다고 대답하는 것입니다.

이 외에도 잠을 자지 못해 제정신을 차리지 못하고 상상하기 어려운 행동을 하는 이들이 속출했습니다.

이런 이들은 불을 땐 방에 누이면 몇 날 며칠을 먹지도 않고 잠만 잤습니다.

이렇게 쉬고 난 뒤에야 그들은 다시 제정신을 찾았습니다. 100일간 잠자지 않는 용맹정진을 성공적으로 마치는 것은 이렇게 쉽지 않았지만, 대원 선사님은 졸음을 이기기 위해 때로는 한겨울에 냇가의 얼음 위에 앉는 등, 생사를 초월하겠다는 각오로 임하여 무사히 마칠 수 있었습니다.

결사가 끝날 때는 80명 중 두 명만이 남게 되었는데, 그 중의 한 분은 혜암 선사님으로 이 분은 후에 대한불교조계종의 종정을 지냈습니다. 다른 한 분이 바로 대원 선사님이었습니다.

100일 정진 후, 회향법문을 탄허 스님이 하게 되었습니다. 탄허 스님이 법상에 오르려는데, 대원 선사님이 말하였습니다. "스님! 법문은 개울 건너 까치가 이미 해 마쳤습니다." 이에 탄허 스님은 법상에 오르려다 그냥 돌아서서 내려오는 것으로 마쳤습니다.

VI. 오도

오도송

그 후, 도솔암에서 홀로 용맹정진을 하다가 소나무 스치는
바람 소리에 저절로 막힘없이 오도송이 흘러나왔습니다.

이 몸을 끄는 놈 이 무슨 물건인가?
골똘히 생각한 지 서너 해 되던 때에
쉬이하고 불어온 솔바람 한 소리에
홀연히 대장부의 큰 일을 마치었네

무엇이 하늘이고 무엇이 땅이런가
이 몸이 청정하여 이러-히 가없어라
안팎 중간 없는 데서 이러-히 응하니
취하고 버림이란 애당초 없다네

하루 온종일 시간이 다하도록
헤아리고 분별한 그 모든 생각들이
옛 부처 나기 전의 오묘한 소식임을
듣고서 의심 않고 믿을 이 누구인가!

此身運轉是何物
疑端汨沒三夏來
松頭吹風其一聲
忽然大事一時了

何謂靑天何謂地
當體淸淨無邊外
無內外中應如是
小分取捨全然無

一日於十有二時
悉皆思量之分別
古佛未生前消息
聞者卽信不疑誰

오도송을 읊은 후 대원 선사님은 말하였습니다.
"어제의 너는 오늘의 내가 아닌데, 오늘의 나는 어제의
너였구나."
그리고 또 다른 송이 그의 입에서 터져나왔습니다.

환으로써 환을 멸하니
멸해서는 멸함도 없음이여
삼삼은 뒤집어도 아홉이다

그 후, 김제 평야를 지나다가 제2의 오도송을 읊었습니다.

해는 서산 달은 동산 덩실하게 얹혀 있고
김제의 평야에는 가을빛이 가득하네
대천이란 이름자도 서지를 못하는데
석양의 길 위에 사람들 오고 가네

日月兩嶺載同模
金提平野滿秋色
不立大千之名字
夕陽道路人去來

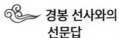

경봉 선사와의 선문답

깨달은 이후로도 전
강 선사님을 만나고
싶은 마음이 간절해서 대원 선사님은 만나는 모든 사람
들에게 전강 선사님이 어디 계시는지 물어보았으나, 전
강 선사님은 한 곳에 오랫동안 있지 않고 떠돌아다니는
분이어서 아무도 그가 어디에 계신지 알지 못했습니다.
어느 날, 한 행각승이 통도사의 극락암에 가면 전강 선사
님에게 인가를 받은 경봉이라는 선사님이 있는데, 법이
전강 선사님과 크게 다르지 않을 거라고 했습니다.
그래서 대원 선사님은 경봉 선사님을 만나기 위해 통도
사 극락암으로 향했습니다.

대원 선사님이 통도사에 도착했을 때는 늦은 가을이었는데, 경봉 선사님이 앞마당에서 대나무 간짓대로 감을 따고 있었습니다.

경봉 선사님을 보자 대원 선사님은 감나무 주위를 한 번 돌고, 예를 갖추고 그 앞에 섰습니다.

경봉 선사님이 드디어 물었습니다.

"어디서 왔는가?"

"호남에서 왔습니다."

"무엇을 공부했는가?"

"선을 공부했습니다."

"무엇이 선인가?"

(바로 이때 경봉 선사는 대나무 간짓대 끝에서 막 감을 빼고 있는 순간이었다.)

"감이 붉습니다."

"네가 불법을 아는가?"

"알면 불법이 아닙니다."

그때까지는 그를 쳐다보지도 않던 경봉 선사님은 이 말을 듣고서야 대원 선사님을 바라보았습니다. 그리고는 아무 말도 하지 않고 하던 일을 계속했습니다.

바로 거기서 경봉 선사님의 경지가 드러났고 그의 법도

대원 선사님을 완전히 만족시키지 못했습니다.

경봉 선사님과 만나고부터 전강 선사님을 만날 때까지 하동산 선사, 고봉 선사, 설봉 선사, 금봉 선사, 효봉 선사, 금오 선사, 춘성 선사, 청담 선사님을 만나 자신의 깨달음의 경지를 시험하기 위해 문답을 하고, 그분들의 질문에 빈틈없이 답하였으나, 역시 그 누구의 법에도 대원 선사님은 완전히 만족할 수 없었습니다.

이런 과정을 통해서 전강 선사님을 만나고자 하는 마음은 더욱 강해졌습니다.

그렇게 만나고자 했던 전강 선사님을 마침내 만나게 된 것은 예상하지 못했던 그런 곳에서였습니다.

VII. 전강 선사 님과 함께

🌸 전강 선사님과의 첫 만남

광주광역시에는 대한불교조계종의 종무소로 쓰이던 동광사라는 포교당이 있었습니다.

하안거 해제 후, 대원 선사님은 행각을 하던 중 동광사에 들러 부처님께 예를 올리기 위해 법당으로 향했습니다.

법당으로 들어가려고 하는데, 전강 선사님이 일본식으로 장식된 법당의 미닫이문을 열고 입구에 기대어 부채질하고 있었습니다. 동광사에서 달마불식 법문을 설하고, 법당에 앉아서 여름 더위를 식히기 위해 혼자 쉬고 계셨던 것입니다.

그런데 참 알 수 없는 일이었습니다. 전강 선사님과의 첫 만남이었는데도 대원 선사님은 곧바로 그가 누군지 알아챘으며, 전강 선사님 역시 당시 20대 초반의 젊은 승려였던 대원 선사님을 불러서 대뜸 '달마불식 공안'에 대해서 질문하였습니다.

이렇게 대원 선사님은 간절히 찾고 있었던 스승을 드디어 만나게 되었던 것입니다.

전강 선사님이 말하였습니다.

"내가 오늘 달마불식 법문을 했는데, 아무도 답하는 자가 없었다. 너라면 어떻게 답하겠느냐?"

이 질문에 답하여 대원 선사님은 아무 말 없이 그에게 다가가 목 왼쪽에 나있는 까만 점에 있는 긴 털을 뽑았습니다.

"여기에 사람 죽이는 놈이 있다!"

전강 선사님은 대원 선사님이 요사채로 향하여 걸어가는데 계속 뒤를 쫓아오며 크게 외쳤습니다.

대원 선사님이 사무실로 들어가자, 전강 선사님은 법당으로 돌아가셨습니다.

이때 전강 선사님의 시봉인 묵언스님(지금의 송담 스님)이 사무실에 있었습니다.

대원 선사님이 동광사를 떠날 때 전강 선사님과 묵언스님은 문 밖까지 그를 배웅했습니다.

대원 선사님의 등을 토닥이며 전강 선사님이 말했습니다.

"우리가 지금 헤어지면 언제 또 보겠는가? 꼭 다시 만나야 하는데. 그 날이 다시 올 것이다."

그리고 차비로 쓰라고 대원 선사님에게 500원을

주었습니다.

대원 선사님은 이를 사양했으나, 전강 선사님은 "너는 내가 주는 이 돈을 꼭 받아야 한다."라고 하며 기어이 돈을 손에 쥐어주었습니다.

 다시 만난 전강 선사님 - 은적사의 나날들

대원 선사님은 행각중이었는데, 주지를 맡지 않기로 유명한 전강 선사님이 군산 은적사의 주지를 맡았을 때, 가을 한 철 동안 그의 시중을 들게 되었습니다.

은적사는 들판 가운데 조그마한 산을 등지고 앞에는 맑은 물이 솟구쳐 흘러 작은 계곡물처럼 보이는 맑은 샘이 있었습니다. 그리고 아주 넓은 논을 가지고 있었습니다.

그때 전강 선사님에게는 제자 세 명이 있었는데, 정대, 정철 그리고 대원 선사님이었습니다.

전강 선사님의 수행 방식은 매우 엄격하고 혹독했습니다. 정말로 도인은 인정이 없습니다. 하지만 알고 보면 인정 없이 보이는 것에는 다 이유가 있는 것입니다.

그가 그렇게 엄격한 스승이었기 때문에, 훌륭한 선사임에도 불구하고 따르는 선객이나 제자들이 많지 않았습니다.

세 제자들은 은적사의 논에서 벼를 베어 리어카로 실어 나르며 하루하루를 보냈습니다.

그들은 땀에 젖어 매일 두세 번 목욕을 해야 할 정도로 열심히 일하였습니다. 하루 온종일 일을 마치고 예불을 드리고 나면 잠이 쏟아지기 시작했습니다.

하지만, 바로 그때부터 전강 선사님은 주장자를 짚고 올라가 법상에서 법문을 시작하였습니다.

세 제자들은 맨 무릎을 단단하고 울퉁불퉁한 마룻바닥에 대고 앉아 전강 선사님의 법문을 들었습니다. 하루 일과로 인해 피곤한 몸으로 무릎이 아픈 것을 참아가며 두 도반은 고개를 끄덕이며 졸고 때로는 옆으로 넘어지기도 했습니다. 그러나 대원 선사님은 전강 선사님의 법문이 온몸에 소름이 끼칠 만큼 심금을 울려 졸 수가 없었습니다.

두 제자들이 졸면, 전강 선사님은 법상을 치며 큰 소리로 호통을 쳤습니다.

"네 이놈들아! 지옥의 용광로에 밀어넣어도 그렇게 졸겠느냐? 이 일이 무슨 일인데 잠이 오느냐?"

그의 호통은 너무 강렬해서 산천을 흔들 정도였습니다. 하지만 아무 소용이 없었습니다.

"네. 깼습니다. 잠들지 않겠습니다."

이 말을 마치자마자 두 도반은 다시 끄덕거리기 시작했습니다.

마룻바닥을 짚은 팔로 간신히 몸을 지탱하며 쏟아지는 잠을 견뎌내자니 얼마나 괴로운 노릇이었겠습니까. 그래도, 그들은 스승에 대한 일호의 불만도 없었습니다.

낮에는 뜨거운 햇빛 아래 볏단을 나르면서 머슴처럼 일하고, 밤이면 천둥 같은 호통소리에 혼나면서 법문을 들었습니다.

"이놈들아! 내가 수행할 때는 제발 자라고, 그만 하라고
했었다. 그런데도 나는 쉬지 않았다. 나같이 네 녀석들을
공부하게 해주는 사람은 없다. 세상을 다 다녀봐라. 누가
이렇게 매일 밤마다 법문을 해주겠느냐? 이놈들아 그런
데도 졸음이 오냐?"
이렇게 크게 꾸중하는 것이 이상한 일은 아니었습니다.
왜냐하면 전강 선사님은 수행자로서 수행할 때 실제로
머리의 혈관이 터져 피가 흐를 정도로 열심히 공부를 하
였기 때문입니다.
그러던 어느 날, 대원 선사님은 절 밖의 샘에서 목욕을 하
고 절 문으로 들어서다가 전강 선사님과 마주쳤습니다.
이때 다음과 같은 문답이 있었습니다.
전강 선사님이 물었습니다.

"공적의 영지를 이르게."
대원 선사님이 대답하였습니다.
"이러-히 스님과 대담합니다."
"영지의 공적을 이르게."
"스님과의 대담에 이러-합니다."
이렇게 대답하니 전강 선사님이 대원 선사님을 한 번 쏘아보았습니다.
그리고 "어떤 것이 이러-히 대답하는 경지인가?"라고 물었습니다. '이러-히'라고 한 것이 알고 쓴 말인가 모르고 쓴 말인가 점검하기 위해 물었던 것입니다.
"명왕은 어상을 내리지 않고 천하 일에 밝습니다."라고 답하니 전강 선사님은 희색이 만면해서 고개를 끄덕이며 당신 처소로 갔습니다.

계절이 끝날 무렵, 추수한 것을 다 저장하고 나니 일이 끝났습니다.
대원 선사님은 전강 선사님과 법담거래를 마쳤기 때문에, 한 곳에 3개월 이상 머물지 않는다는 신조에 따라, 은적사를 떠났습니다.

VIII. 인가

🍃 동화사에서의 산중 문답

1962년, 대원 선사님은 하안거를 위해 동화사의 금당선원에 있었습니다. 주지인 월산(月山) 선사님이 기어이 전강 선사님을 모셔오겠다고 하여 많은 선객들이 전강 선사님의 지도하에 하안거를 하기 위해 모여들었습니다.

동화사에서 그렇게 한 철을 나던 중 저녁 입선시간이었습니다.

기이하게도 입선시간임에도 불구하고 선실에는 노장님 두 분만이 자리에 앉아있을 뿐 자리가 텅텅 비어 있었습니다.

대원 선사님이 이상히 여기고 있던 중, 문 밖에서 한 젊은 수좌가 조용히 손짓하며 비밀스레 대원 선사님을 불렀습니다. 그 수좌는 대원 선사님에게 뒷산에 많은 스님들이 모여 기다리고 있다고 말했습니다. 대원 선사님은 젊은 수좌를 따라 산 속으로 들어갔습니다. 대원 선사님이 산중에 도착해보니 20여 명의 스님들이 말없이 서서 대원 선사님을 기다리고 있었습니다.

그리고 그 중의 한 명인 법성 스님(향곡 스님 법제자인 진제 스님. 동화사 선방에 있을 당시에 '법성'이라 불렸고,

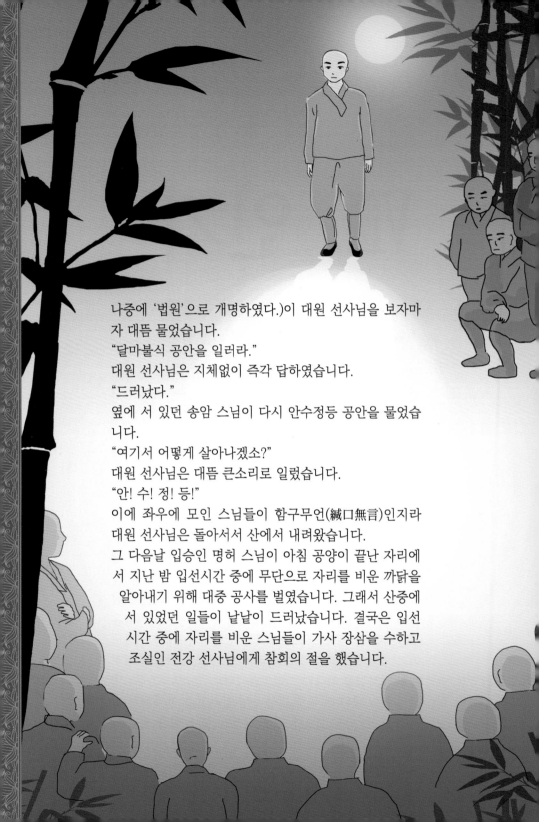

나중에 '법원'으로 개명하였다.)이 대원 선사님을 보자마
자 대뜸 물었습니다.
"달마불식 공안을 일러라."
대원 선사님은 지체없이 즉각 답하였습니다.
"드러났다."
옆에 서 있던 송암 스님이 다시 안수정등 공안을 물었습
니다.
"여기서 어떻게 살아나겠소?"
대원 선사님은 대뜸 큰소리로 일렀습니다.
"안! 수! 정! 등!"
이에 좌우에 모인 스님들이 함구무언(緘口無言)인지라
대원 선사님은 돌아서서 산에서 내려왔습니다.
그 다음날 입승인 명허 스님이 아침 공양이 끝난 자리에
서 지난 밤 입선시간 중에 무단으로 자리를 비운 까닭을
알아내기 위해 대중 공사를 벌였습니다. 그래서 산중에
서 있었던 일들이 낱낱이 드러났습니다. 결국은 입선
시간 중에 자리를 비운 스님들이 가사 장삼을 수하고
조실인 전강 선사님에게 참회의 절을 했습니다.

～ 전강 선사님의 인가

이 일이 있은 다음 날, 전강 선사님이 대원 선사님을 불렀습니다.

전강 선사님은 대원 선사님의 제1오도송을 들어 깨달음을 증명해 줄 수 있는 증표이나, 대개 오도송은 짧게 짓는다고 말하였습니다. 이에 대원 선사님은 김제 들을 지나다가 석양의 해와 달을 보고 문득 읊었던 제2오도송을 일러드렸습니다.

제2오도송을 들은 전강 선사님은 또다시 그와 같은 경지를 담은 게송을 이 자리에서 즉시 한 수 지어볼 수 있겠냐고 하였습니다. 대원 선사님은 곧바로 다음과 같이 읊었습니다.

바위 위에는 솔바람이 있고
산 아래에는 황조가 날도다
대천도 흔적조차 없는데
달밤에 원숭이가 어지러이 우는구나

岩上在松風
山下飛黃鳥
大千無痕跡
月夜亂猿啼

전강 선사님은 위 송의 앞의 두 구를 들을 때만 해도 지그시 눈을 감고 있다가 뒤의 두 구를 마저 채우자 문득 눈을 뜨고 기뻐하는 빛이 역력하였습니다.

그러나 전강 선사님은 여기에서도 그치지 않고 다시 한 번 물었습니다.

"대중들이 자네를 산으로 불러내고 그 중에 법성이 달마 불식 도리를 일러보라 했을 때 '드러났다'라고 답했다는데, 만약에 자네가 당시의 양무제였다면 '모르오'라고 이르고 있는 달마 대사에게 어떻게 했겠는가?"

대원 선사님이 답했습니다.

"제가 양무제였다면 '성인이라 함도 설 수 없으나 이러-히 짐의 덕화와 함께 어우러짐이 더욱 좋지 않겠습니까?' 하며 달마 대사의 손을 잡아 일으켰을 것입니다."

전강 선사님이 탄복하며 말했습니다.

"어느새 그 경지에 이르렀는가?"

"이르렀다곤들 어찌하며, 갖추었다곤들 어찌하며, 본래라곤들 어찌하리까? 오직 이러-할 뿐인데 말입니다."

대원 선사님이 연이어 말하자 전강 선사님이 이에 환희하니 두 분이 어우러진 자리가 백아가 종자기를 만난 듯하였습니다.

이런 철저한 검증의 자리가 있었던 다음 날, 전강 선사님이 부르기에 대원 선사님이 가보니, 그 자리에 주지인 월산 선사님이 증인으로 입회해 있었습니다. 전강 선사님은 곧 바로 다음과 같이 전법게(傳法偈)를 전해주었습니다.

傳法偈

부처와 조사도 일찍이 전한 것이 아니거늘
나 또한 어찌 받았다 하며 준다 할 것인가
이 법이 2천년대에 이르러서
널리 천하 사람을 제도하리라

佛祖未曾傳
我亦何受授
此法二千年
廣度天下人

전강 선사님은 월산 선사님을 인가의 증인으로 정하였으
며, 2000년까지 세 사람 모두 다른 사람이 알게 해선 안
된다고 당부하였습니다. 만약 그러지 않을 시에는 대원
선사님이 법을 펴 나가는데 장애가 있을 것이라고
예언하였습니다. 또한 각별히 신변을 조심하
라 하고 월산 선사님에게 명령해 대원 선사님
을 동화사의 포교당인 보현사로 보내 교화에 힘
쓰도록 하였습니다.
전강 선사님은 대중들이 대원 선사님을 산으
로 불러내어 문답한 일로 대중에게 참회의
절을 시키고도 대원 선사님의 신변
을 걱정하였습니다.

그래서 급기야 "너야 이제 참선방에서 참선할 필요가 없
지 않느냐."라고 하며 결제 중에 대원 선사님을 보현사
로 내려가게 한 것입니다. 대원 선사님이 보현사로 떠나
는 날, 전강 선사님은 절문 밖으로 1킬로가 넘도록 배웅
해 주며 미리 적어두셨던 부송(付頌)을 주었습니다.

어상을 내리지 않고 이러-히 대한다 함이여
뒷날 돌아이가 구멍 없는 피리를 불리니
이로부터 불법이 천하에 가득하리라

不下禪床對如是
後日石兒吹無孔
自此佛法滿天下

🌀 보현사의 포교 / 전강 선사님의 방문

이렇게 대원 선사님은 전
강 선사님의 명에 의해
결제 중에 동화사를 떠
나게 되었고, 보현사에서
시민선방을 차리게 되었
습니다.
선방에 나온 이들을 상
대해서 금강경을 설하게
되었는데, 전강 선사님은
기회가 닿을 때마다 보현

사에 들러 법당 뒤에 조용히 앉아 대원 선사님이 금강경
을 설하는 것을 듣곤 했습니다.

법문이 끝나면 대원 선사님의 등을 토닥거리며 많은 칭
찬을 하였습니다.

"사람들이 말하기를 '설법 제일 하동산', '지혜 제일 정
전강'이라고 했다. 그런데 네가 법문하는 것을 보고 참으
로 감탄했다. 금강경을 설하는데, 어떻게 그렇게 한 점
도 더하고 뺄 것도 없게 하면서도 사람들이 잘 이해하게
할 수 있느냐. 은적사에서 척척 대답할 때부터 알아봤지
만 근래에 나처럼 통쾌하게 인가 자리에서 대답한 사람
이 드물었는데 너는 나보다 뛰어나구나. 금강경을 다 설
하거든 꼭 많은 사람들이 읽을 수 있게끔 책으로 출판하
여라."

하지만 전강 선사님과 월산 선사님은 대원 선사님이 금
강경 법문을 마치기도 전에 동화사를 떠났습니다.

그 이유는 1962년 대한불교조계종에서 종정이 거처할
곳으로 동화사를 지정했고, 종정인 효봉 선사님이 동화
사로 오게 되었기 때문입니다.

🍃 금강경 합동 인가

대원 선사님이 보현사에서 법문한 금강경이 책으로 나왔
을 때 그것은 한국불교계에서 큰 논란을 일으켰습니다.

대목마다 자문과 시송을 하고 과목을 치는 등 모든 면에
서 새롭고 특별한 저서였지만 특히 중요한 대목에 있어
서의 번역이 옛 스님들이 정통적으로 번역해 놓은 것과

달랐던 것이 문제가 되었습니다.

'무릇 있는 상이 모두 허망하니 만약 상이란 것이 상 아닌 것을 보면 여래를 본 것이다.'

이 대목에 있어서 '있는 상이 모두 허망하니'라고 옛 스님들이 번역해 온 것을 대원 선사님은 '있는 상이 모두 허망하다 하나'라고 새롭게 번역한 것입니다. 이것이 많은 논란이 되다가 하동산, 정금오, 이청담, 춘성 선사님 등 만공 선사님과 용성 선사님 문하에서 인가받았던 선지식들의 점검을 받게 되었습니다.

그러나 이분들이 이것이 오히려 불법의 뜻을 제대로 드러낸 뛰어난 번역이라고 인증함으로 해서 모두 모아서 소각될 뻔한 금강경이 세상에 남게 되었습니다.

또한 이 일로 인해 모든 선지식에게 대원 선사님의 깨달음의 경지가 공개적으로 점검받고 인증받는 기회가 되었습니다.

금강경의 '무릇 있는 상이 모두 허망하니 상이란 것이 상 아님을 보면 여래를 본 것이다.'라는 대목에 대해 대원 선사님은 다음과 같이 말하였습니다.

"'있는 상이 모두 허망하니'라고 번역하면 앞의 내용과 서로 어긋나게 된다. 앞에 수보리 존자가 부처님께서 말씀하신 몸과 모양은 몸과 모양이 아니라고 했는데, 부처님께서 있는 상이 모두 허망하다고 설하고 있다면 부처님의 안목은 수보리의 안목보다 못하다고 할 것이다. 또한 그 뒤에 '상이 상 아님을 보면'이라고 하셨으니 '상이 상 아닐 때 무엇이 허망한 상이란 말입니까?'라고 묻지 않을 수 없게 된다."

IX. 은둔

불교개혁에서 20년 보림까지

이후 대원 선사님은 불교계의 개혁을 외치며 방송국 건립, 병원 건립, 승복 개정을 주장하였습니다. 나이 든 모든 스님들이 '불교 재산을 말아먹을 놈'이라고 하는 가운데 종정인 하동산 선사님과 총무원장인 이청담 선사님은 동의하며 말하였습니다.

"선견지명이 있다. 그러나 지금은 정화 직후라 시기가 맞지 않다."

혼자라도 개혁하고자 대원 선사님은 자금을 마련하기 위해 발명에 몰두하게 되었으며 두 분은 이를 허락하고 보살펴주었습니다. 이 과정 중, 대원 선사님은 30년 보림을 작정하고 법을 입에 담지 않고 자취를 감추어 재가 생활을 하였습니다.

다시 교화문에 서기까지

대원 선사님이 교화문에 다시 서게 된 데에도 기이한 일이 있었습니다.

1986년의 어느 날, 대원 선사님이 인사동의 조계사 앞 찻집에 앉아 있는데, 중년의 남자가 무리를 데리고 들어와 찻집 바닥에 엎드려 삼배를 했습니다.

이야기를 듣고 보니 이분은 홍익대학교의 교수였는데 전날 밤 꿈에 관세음보살님이 나타나 선사님을 보여주었다는 것입니다.

꿈이 하도 분명해서 제자들 몇 명을 불러 꿈에서 보았던 곳으로 데리고 와보니, 관세음보살님이 보여주셨던 대로 대원 선사님이 앉아 계셨던 것입니다. 크게 감명받은 교수와 그의 제자들은 처음 보는 선사님에게 삼배를 드리지 않을 수가 없었던 것입니다.

몇 번인가 이런 일들이 속출하고 난 뒤 연세가 많으신 도륜 스님이 50명의 사회 지도층 인사들을 모아 선우회를 조직하고 대원 선사님을 그곳의 지도법사로 청하신 것이 결정적인 계기가 되었습니다. 노장님의 간청을 거절하지 못한 대원 선사님은 30년 작정한 보림 기간을 20년으로 접고 다시 교화의 길을 걷게 되었습니다.

X. 교화

월산 선사님 문상

교화문에 선 이후 대원 선사님의 행보는 법을 세계에 실현하는 걸음걸음이었습니다.

대원 선사님의 인가를 증명하였던 월산 선사님은 불국사의 조실로 계시다가 1997년 9월에 열반에 들었습니다. 이때 대원 선사님은 불국사로 내려가 돌아가신 월산 선사님을 위해 참으로 특별한 조문을 하였습니다.

두 분은 큰 나이 차이에도 불구하고(월산 선사님이 23세 연상이었다) 도반처럼 지냈습니다.

선법에 있어서 서로 지음자였던 것만큼 대원 선사님의 조문은 선의 지혜로 가득했습니다.

불교계의 큰 어른이셨던 월산 선사님의 위상에 맞게 빈소에는 문중의 원로스님 20여 분이 자리를 지키고 있었습니다.

대원 선사님은 여러 제자들을 거느리고 들어가 절도 하지 않고 우뚝 서서 이렇게 말하였습니다.

"월산 선사시여, 대원입니다. 이 자리를 빌어 읊고자 마련한 송입니다. 그리고 이 자리에 임석한 여러분, 월산 선사님이 지금 어느 곳에 계십니까?"

그리고 대원 선사님은 다음과 같이 송하였다.

열반길 머리가 어느 곳에 있는고?
다보탑 앞 싱싱하고 푸르른 솔이로세
이러-히 물물마다 장안에 통하여서
본래 이러-히 화장계일세

그렇지 못하다면,
(한 번 손뼉을 치다.)

나오실 때도 역시 절을 하지 않았는데, 후에 이렇게 말하
였습니다.
"어느 곳이 상가(喪家)인가?"
월산 선사님의 다비식 때에는 함께 많은 분들이 동참했
는데, 이 다비식 자리에서 대원 선사님과 활안 스님 사이
에 아래의 문답이 즉석으로 이루어졌습니다.
다비식 중 그 자리를 나오는 대원 선사님에게 활안 스님
이 물었습니다.
"이리 와보게. 자네 얼굴이 왜 그렇게 상했는가?"
대원 선사님이 답하였습니다.
"자네는 어찌해서 상한 얼굴만 보는가?"
활안 스님이 다시 물었습니다.
"지금 자네 나이가 몇 살인가?"
"81세다."
"18세?"라고 활안 스님이 말하자 대원 선사님은 손가락
으로 활안 스님의 이마를 세 번 치며 답하였습니다.
"구구는 팔십일이다."

이와 같은 대원 선사님의 법거량을 위한 행보는 인도 성지순례와 중국 선종사찰 주유로 이어졌습니다.

🍃 인도 성지순례

인도 성지순례길에서 대원 선사님은 그야말로 법문을 그치지 않았습니다.

아잔타 석굴에서, 타지마할 궁전의 마당 잔디 위에서, 염한 아기의 시체가 떠내려가는 갠지스강의 배 위에서, 밤새워 달리는 기차 안에서 선사님은 단비와 같은 법문을 쏟아냈습니다.

제자들의 공부를 일상화로 이끌어주는 것은 물론, 보이고 들리는 모든 것이 법문의 재료가 되어 마치 포대 화상이 포대에서 무엇이든지 꺼내면 법문의 재료가 되듯, 누리가 포대 화상의 포대가 된 듯 했습니다.

유마 거사의 집터를 방문하여 즉석에서 유마 거사와 함께 감응하는 송을 읊은 것은 인도 성지순례의 가장 빛나는 한 장면이었습니다. 당시 유마 거사의 집터가 있는 지역은 반군들이 출몰했던 곳으로 6일 전 일본인 관광객 여러 명이 반군들에 의해 사살되는 사건이 있었습니다.

이 때문에 여행사는 물론 선사님 주변의 많은 사람들의 만류가 있었지만 선사님은 결코 행보를 멈추지 않았습니다.

대원 선사님은 기어이 유마 거사의 집터에 도착해 집을
둘러보곤 마당의 돌 위에 서서 곧 아래와 같은 송을 읊었
습니다.

세월 지나 오늘이라 하겠는가
지금 즉시 당시라 하겠는가
유마의 큰 웃음소리 듣는가
거사와 더불어 차나 드세

대원 선사님이 이 송을 읊을 때, 주변의 인도 현지인들이
모여들어 대원 선사님의 제자들과 함께 기뻐하였습니다.

🍃 중국 선종사찰 주유

2003년과 2005년 두 차례의 중국 선종사찰 주유 또한 천하를 법음으로 채우는 행보였습니다. 대원 선사님의 살아있는 법거량은 물론 모든 말씀이 주유의 한 걸음 한 걸음을 광명으로 밝혔습니다.

대원 선사님은 초조 달마 대사의 소림사(少林寺)로부터 2조 혜가 대사의 이조사(二祖寺), 3조 승찬 대사가 주석했던 건원선사(乾元禪寺), 4조 도신 대사가 계셨던 사조사(四祖寺), 5조 홍인 대사가 계셨던 오조사(五祖寺), 6조 혜능 대사가 계셨던 남화사(南華寺)부터, 운거사, 백마사, 명교사, 만년사, 감산사 등 중국 전역의 절들을 주유하며 법거량하였습니다. 이 중 소림사, 운거사와 만년사에서 있었던 세 가지 문답을 실어보겠습니다.

소림사에서 대원 선사님은 소림사의 방장 석영신 스님과 법거량을 하였습니다.
대원 선사님이 "이곳에서 소림 무술의 정수를 보았습니다. 그런데 소림사의 선(禪)의 정수는 무엇입니까?"라고 하니 소림사 방장인 석영신 스님은 "사람마다 인연이 같지 않고 선하고 악한 것이 다 같지 않습니다. 그러므로 한마디로 개괄해서 말하기가 어렵습니다."라며 길게 답하였습니다.
대원 선사님이 "그렇다면 소림사의 선의 정수를 나에게 물어보십시오."라고 하니 석영신 스님은 통역을 통하지 않고 직접 물었습니다. "소림사의 선의 정수가 무엇입니까?"
이에 대해 대원 선사님은 바로 "악!" 하고 할을 하니 방장은 아무 말이 없었습니다. 대원 선사님은 방장과 악수를 청하여 나누신 후 곧장 소림사를 나왔습니다.

운거사는 중국 최고의 방장인 허운 스님이 계셨다는 절입니다. 아름다운 산천과 풍광으로 둘러싸인 절은 아직 살아있는 법의 온기와 향기가 가득했습니다. 대원 선사님과 제자들이 도착했을 때 방장스님이 출타중이라 방장 스님을 대신하는 대혜 스님을 만나 법거량이 이루어졌습니다.

대혜 스님이 "선은 내적입니다. 외적인 교류는 마음에서부터 나오는 것입니다. 선은 딱 한 가지입니다. 두 개가 없습니다."라고 하자 대원 선사님이 "그 한 가지를 한마디로 말하라면 어떻게 하겠습니까?"라고 하였습니다. 이에 대혜 스님은 손을 높이 들었다가 탁자 위에 내려놓았습니다.

대원 선사님이 "나도 답을 해야 예가 아니겠습니까? 만일 내게 답을 하라 하면 저 은행나무가 나 먼저 답했다 하겠습니다. 한마디만 더 묻겠습니다. 중국에서 아미타불을 많이 부르는데 어떤 두 사람이 아미타불을 친견해서

영생불멸하고자 길을 나섰다가 외나무다리 한 가운데에
서 딱 만났습니다. 이럴 때 어떻게 해야 하겠습니까?"라
고 다시 묻자 대혜 스님이 답했습니다.
"제가 직접 만났을 때 대답해 드리겠습니다."
순간, 대원 선사님이 크게 "악!"하고 할을 하자, 대혜 스
님은 대원 선사님을 만나 뵌 것이 영광이라며 고개를 숙
였습니다.
대혜 스님은 누더기 옷을 입었지만 중국에서 만난 분 중
진지한 표정과 태도, 과묵하고도 단호한 어조에서 선정
력을 풍기는 보기 드문 스님이었습니다.

아미산 만년사에서는 만년사가 보현보살의 도량이란 말
을 듣고 대원 선사님이 바로 물었습니다.
"보현보살을 친견한 적이 있습니까?"
만년사의 방장스님은 "수행을 쌓
아 덕을 갖추고 노력하면 볼 수
있습니다."라고 답하였습니다.
대원 선사님은 "나에게 보현
보살을 친견했는지 물어주시
오."라고 말하였습니다.
"보현보살을 친견했습니까?"
"흐르는 계곡과 푸른 원림에
서 보현을 친견했습니다."
여기에 방장스님은 "선사의
눈에는 모두가 부처지만, 중
생들 눈에는 부처마저 중생입
니다."라고 말하였습니다.

현재의 교화 활동

대원 문재현 선사님은 현재 국제정맥선원의 법주로 포천, 서울, 부산, 청도, 광주, 해남 등 전국 정맥선원에서 매월 법회를 주관합니다. 그는 또한 제자들을 지도하고 일반인들에게 법을 가르치는 데에 온 힘을 다하고 있습니다.

『금강경』, 『반야심경』 등의 경전과 『전등록』, 『선문염송』, 『벽암록』과 『무문관』 등 선서들을 쉬지 않고 번역하여 도서출판 문젠(구, 바로보인)을 통해 2016년 현재 총 83권의 저서를 출간하였습니다. 이외에도 140여 권의 경전과 선서의 원고 집필을 마쳤습니다.

끊임없이 진행되는 불사 현장을 직접 주관할 뿐만 아니라 현재 인류사회에 닥치고 있는 여러 가지 지구환경문제를 해결하기 위해 열정적으로 일하고 있습니다.

재앙에 직면한 지구촌을 살리기 위해 '사막화방지국제연대'를 설립하여 사막화 방지, 지구 초원화, 대체에너지 개발을 연구, 추진하고 있습니다.

또한 전세계에 이 일을 공동으로 추진할 것을 강력히 호소하고 있습니다.

사막화 방지에 있어서 기존에 해왔던 나무심기 사업은 천문학적인 예산과 많은 인력을 동원하고도 극도로 황폐한 사막화된 환경을 되살리는 데 실패하였습니다.

여기에 대원 선사님은 사막화 방지에 획기적인 방법을 인류사회에 제시하였습니다.

그것은 바로 사막해수로 사업입니다.

사막 해수로 사업은 사막화된 지역에 수도관을 매설하여

바닷물을 끌어들여서 염도에 강한 식물을 중심으로 자연생태계를 복원하는 사업입니다.

이것은 나무심기 사업으로 심은 나무들이 절대적으로 물이 부족하여 생존할 수 없었던 문제를 해결할 수 있는, 현재로서는 유일한 해결책입니다.

또한, 선사님이 직접 3년간의 실험을 통해, 광활한 황무지 지역을 큰 비용을 들이거나 많은 인력을 동원하지 않고도 짧은 시간 내에 초지로 바꿀 수 있는 식물을 찾아냈습니다. 그것은 바로 '돌나물'입니다. 돌나물은 따로 종자를 심을 필요가 없이 헬리콥터나 비행기로 살포해도 생존, 번식할 수 있으며, 추위와 더위, 황폐한 땅에서도 살아남을 수 있는 생명력과 번식력이 강한 식물입니다.

지구환경을 되살리는 초지조성 사업에 있어서 이것은 더없는 희소식이 아닐 수 없습니다.

세 번째의 대체에너지 개발에 대해서는 50여 년 전부터 이미 21세기에 닥칠 공해문제, 에너지문제를 먼저 예견하고 무한 원동기, 태양력, 파력, 풍력 발전 등의 개발을 연구

해 왔습니다.

대원 선사님은 이 세 가지 일을 인류 모두가 지혜를 모아 전력을 다해 노력해 간다면 인류는 유사 이래 가장 좋은 시절을 맞이하게 될 것이며, 만약 이 일을 남의 일인 양 외면한다면 인류는 극한의 재앙을 면할 수 없다고 간곡히 말하고 있습니다.

이렇게 대원 선사님이 진리 전수 뿐만 아니라, 인류사회에 닥치고 있는 사변적인 일에 대해서까지 전심전력하고 있는 것은, 만인이 서로 함께 영원한 극락을 누릴 때까지 물심양면으로 베풀어 교화해야 한다는 것이 불법의 참뜻이자 선사님의 신념이기 때문입니다.

대
원
선
사
님
행
적

인가를 증명하신
월산 선사님과 함께

전 불국사 조실이신 월산 선사님께서는 생전에 대원 문재현 선사님과 방문하여 문답하거나 서신거래를 하며 돈독히 지내 오셨습니다. 월산 선사님께서 20년 이상 연하인 대원 문재현 선사님과 이렇게 긴 세월을 교우해 오신 인연은 위의 인가과 정에서 밝혔듯이 전강 대선사님께서 후일 대원 선사님의 인가 를 증명하는 일을 명하셨기 때문입니다.

1995년 광주선원 준공 법회 때, 사회자가 전강 대선사님께서 대원 선사님을 인가하신 사실과 그 내력을 공표할 때, 월산 선 사님께서는 법상에 앉아 이를 증명해주셨습니다. 뿐만 아니라 법문 마지막에 '내가 83세의 노구를 이끌고 여기까지 온 것은 보통 일이 아닙니다. 아주 대단히 칭찬하려고 왔습니다. 여러 분께서는 대원 거사님을 의지해서 앞으로 불법을 성취하시기 바랍니다.'라고 말씀하셨습니다.

또한 1997년 열반에 드시기 한 달 전 병문안차 대원 선사님께 서 방문하셨을 때, 시자인 종우 스님이(현 불국사 주지) 있는 자리에서 "이 분은 광주의 살아있는 부처다. 이 분의 가르침을 받아 정법공부를 하기 바란다."라고 하여 다하지 못한 바를 부 촉하시고 한 달 후 열반에 드셨습니다.

▼광주선원 개원 법회의 대원 문재현 선사님과 월산 선사님

▼월산 선사님께서 친필로 적어 보낸 법담거래

우편엽서

보내는 사람
경주시 불국사
월산 拜

780-400

받는 사람
광주직할시 북구 중흥1동 672-3
大圓 禪師 淨掘

500-041

拜復 擲送下의 貴墨 받었음

니다 月山은 下念에 精進

에 盒廬하옵고 私幸하옵니다

"永遠한 現實"이러하 알아는

親恩을 수치 못하옸습니다

大圓禪師의 道体 平安하옵

용기를 祈祝하며 金俊 拜

대원 선사님 행적 189

▼월산 선사님께서 원명적조라고 써주시자, 대원 선사님께서 "안 됩니다. 적조원명이라고 쓰십시오."라고 하셨다. 월산 선사님께서는 "그래, 그래. 그것이 좋겠네."라고 하시며 다시 적조원명이라고 고쳐서 써주셨다고 한다. 두 분 사이의 흉허물 없는 탁마의 일화가 담겨진 '이심전심, 적조원명'이라는 월산 선사님의 휘호이다.

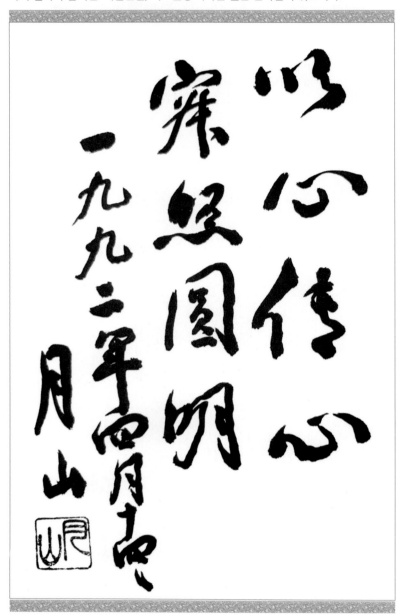

▼1995년 광주선원 준공법회 때 오신 월산 선사님께서 대원 문재현 선사님께 선물하신 휘호 '중도'. 그 얼마 후 월산 선사님께서 열반에 드셨기 때문에 이것이 마지막 선물이 되었다.

숭산 선사와의 법거량

1989년 여름, 구룡사 준공식에서 대원 선사님께서는 숭산 선사님을 만나셨습니다. 아래의 문답들은 두 분이 나눈 법담의 일부입니다. 두 분이 법담하던 방 밖으로 소리치고, 뺨을 때리는 소리, 물건 부딪히는 소리, 그리고 마지막으로 큰 웃음소리 등이 들렸습니다. 숭산 선사님을 친견하기 위해 방 밖에서 기다리고 있던 사람들은 안에서 무슨 일들이 일어나고 있는지 궁금해 했습니다. 문이 열리고 숭산 선사님께서는 대원 선사님의 일행들을 불러들여 말하길 "대원 선사와 같은 스승을 모신 것이 큰 축복이니 대원 선사님을 모시고 수행 잘 하시기를 바라오."라고 하셨습니다. 이후 숭산 선사님께서는 세계 각처를 다니며 법문을 할 때마다 법문을 대원 선사님께 부치셨고, 함께 서신으로 법거량하셨습니다.

 ## 숭산 선사와의 문답 1

숭산 선사

마 삼 근 도리를 일러보시오.

대원 선사

(숭산 선사님의 뺨을 치다.)

숭산 선사

거사가 내게 물어 보시오.

대원 선사

마 삼 근 도리를 일러 보십시오.

숭산 선사

(대원 문재현 선사님의 뺨을 치다.)

▼숭산 선사님이 화계사 연하장에 적어 보낸 친필 편지

Holiday Greetings
and Best Wishes for
the New Year

다사다난했던 무인년 한 해를 보내고 희망찬 기묘년을 맞이하여
신도님들 가정에 부처님의 가피가 충만하시길 기원합니다.
연년이 화계사 대작불사와 사대부중의 성불을 위하여
보내주신 성원에 다시 한 번 감사드리며
이차인연공덕으로 세세토록 신도님들 가정에
행복과 자손만대 번영을 축원합니다.

하늘은 항상 푸르고 강물은 언제나 흘러가고 있습니다.

나무석가모니불

화계사 조실 숭산 승장

숭산 선사와의 문답 2

대원 선사

선사님께서 '푸른 산 흰 돌 위에 진면목이 온전히 드러났다[靑山白石上
眞面目全露]'라고 적어 보내주셨는데 어떤 것이 진면목입니까?

숭산 선사

(의자를 가리키며)
의자다.
어떤 것이 진면목입니까?

대원 선사

선사님 낯 앞에 코는 조금 높고 등 뒤에 벽은 곧게 서 있습니다.

▼숭산 선사께서 친필과 함께 보낸 대만 불교신문에 난 숭산 선사의 기사

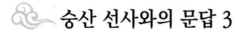 숭산 선사와의 문답 3

대원 선사

어묵동정(語黙動靜)을 여의고 한마디 일러 보시지요.

숭산 선사

악!
대원 선사는 어묵동정을 여의고 한마디 이르라면 어떻게 하겠소?

대원 선사

실로 어묵동정을 여의고 무엇을 이르란 말이오.

숭산 선사

아니오. 다시 이르시오.

대원 선사

어! 묵! 동! 정!

▼숭산 선사께서 1990년 모스크바에서 개최된 국제회의의 초청장에
  친필로 적어 보낸 근황

GLOBAL FORUM
OF SPIRITUAL AND PARLIAMENTARY LEADERS
ON HUMAN SURVIVAL

새해복레구국하시여 대원성원(시)
유E시 1159D 쯘런으로갑니다
선사님, 안녕하십니까?　*새콧에나트라옵니다*

Co-Chairmen:
The Very Reverend
JAMES PARKS MORTON
Christianity
Grand Mufti
SHEIKH AHMAD KUFTARO
Islam
SAT PAUL MITTAL
MP India
Senator **MANUEL ULLOA**
Peru

STEERING COMMITTEE:
Reverend **NICHIKO NIWANO**
Buddhism
FRANZ Cardinal KOENIG
Christianity
Dr. **KARAN SINGH**
Hinduism
Dr. **VIQAR HAMDANI**
Islam
Rabbi **AWRAHAM SOETENDORP**
Judaism
Chief **OREN LYONS**
Native American

PATRICK BALOPI
Member Botswana
MAVIS GILMOUR
MP Jamaica
ERICA TERPSTRA
MP Netherlands
EVGUENI VELIKHOV
MP USSR
Senator **DAVE DURENBERGER**
United States
TARZIE VITTACHI
Media

ANGIER BIDDLE DUKE
Chairman
International Advisory Committee
SECRETARIAT:
AKIO MATSUMURA
Executive Coordinator
Dr. **KUSUMITA P. PEDERSEN**
CECILE J. REYES
Joint Secretaries

*Board Member

"생존을 위한 개발과 환경에 대한 국제 토론회" 의 재목하에

1990 년 1 월 15 일 부터 19 일에 모스크바에서 개최되는

새로운 장을 여는 국제 회의에 선사님께서 참석하시기를 바라오며

인사 드립니다.

이 국제회의는 전 세계의 과학자, 환경문제 전문가, 언론인,

경영자, 주요기관의 책임자들과 더불어 종교적인 지도자 및

국회의원 등 300 명과 함께 상기의 분야에 종사하는 300 명의

소련인사들이 참석할 것입니다.　회의의 목적은 지구의 환경

위기에 대한 새로운 접근을 모색하고자 하는 것입니다.

이 회의는 "인류생존에 대한 종교계와 국회의 지도자의 국제

토론회" 에 의해 준비되었읍니다.　국제 토론회는 각기 다른

분야에 종사하는 지도자들 간의 새로운 공동체 의식의 창출과

특히, 정책과 가치에 관련된 문제점에 관심을 가지고 있으며 또한

일반대중과도 친밀한 교류를 가지고 있는 국회의원들과 종교계의

지도자들 간의 진행되는 대화도출을 취지로 하여 1985 년

설립되었읍니다.

304 East 45th Street (12th Floor) New York, NY 10017, USA　Tel (212) 953 7947
Telex 499411B　Fax 557 2061　Cable GLOCOMPAR NEW YORK

숭산 선사와의 문답 4

숭산 선사

(다과상에 깎아 담아 놓은 감접시를 가리키며)
감이라 해도 옳지 않고, 감이 아니라 해도 옳지 않으니 일러보시오.

대원 선사

(즉시 찻상을 던져서 숭산 선사에게 엎어버리다)

▼숭산 선사께서 엽서에 적어 보낸 탁마의 글

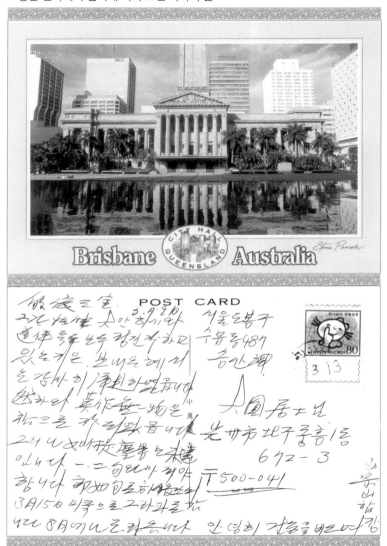

숭산 선사와의 문답 5

남전 선사 당시 동당, 서당의 선승들이 고양이 한 마리를 가지고 다투니 남전 선사께서 고양이를 들고 바로 이르라 하시고 바로 이르면 고양이를 살려주고 바로 이르지 못하면 고양이를 두 동강 내겠다고 하셨다. 이에 선승들이 말이 없자 남전 선사께서 칼로 고양이의 허리를 자르셨다. '어떻게 했어야 이 고양이를 살렸겠는가?' 하는 것이 남전 선사님의 참묘(斬猫)공안이다.

숭산 선사

(남전 선사님의 참묘공안을 들고)
대원 거사라면 어떻게 그 고양이를 살리겠소?

대원 선사

기둥을 안아 보였을 것입니다.

숭산 선사

틀렸어. 알기는 무얼 알아.

대원 선사

숭산 선사님, 어찌 그리 화를 내십니까? 다시 한 번 물어주십시오.

숭산 선사

거사라면 어떻게 고양이를 살리겠소?

대원 선사

남전 앞에 목을 쭉 빼어 늘어뜨리고 앉을 것입니다.

숭산 선사

바로 그것이오. 왜 아까는 그렇게 이르지 않았소.

(대원 문재현 선사님은 문답을 나누고 나오시면서 홀로 뇌이셨다.
"기둥을 안아 보인 도리와 목을 쭉 빼어 늘어뜨린 도리가 다르지
않거늘…".)

▼숭산 선사께서 전등록을 받아보신 후 보내온 엽서

숭산 선사와의 문답 6

숭산 선사

어느 곳이 차고 더움이 없는 곳입니까?

대원 선사

산은 모두 높다.

▼숭산 선사께서 보낸 <The compass of zen>과 그 속에 친필로 적어 보낸 게송

문재현 대거사

靑山自不動　白雲自去來
雲山本空裏　四五是二十

청산은 스스로 움직임이 없고
백운은 스스로 오고 가네
구름과 산이 본래 공한데
사오는 이십일세

무인 오월 숭산 배

숭산 선사와의 문답 7

숭산 선사

만법이 하나로 돌아가는데 그 하나는 어디로 돌아가는가? 하나도 아니요, 공도 아닌데.

대원 선사

코끝에 떨어진 눈이 차다.

▼숭산 선사께서 보내신 <천강에 비친 달>과 그 속에 친필로 적어 보낸 게송

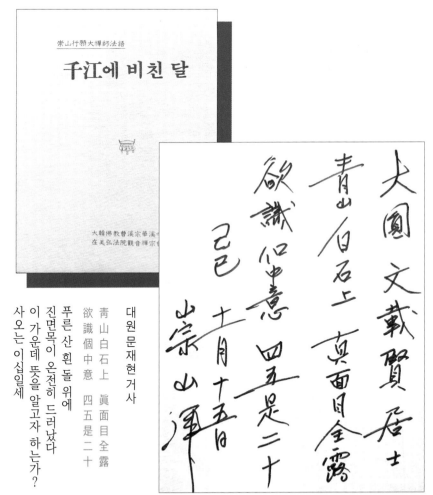

崇山行願大禪師法語
千江에 비친 달

大韓佛教曹溪宗華溪
在美弘法院觀音禪

大圓 文載賢居士

青山白石上 真面目全露
欲識個中意 四五是二十

대원문재현거사

靑山白石上 眞面目全露
欲識個中意 四五是二十

푸른 산 흰 돌 위에
진면목이 온전히 드러났다
이 가운데 뜻을 알고자 하는가?
사오는 이십일세

기사년 11월 15일 숭산 배

己巳 十一月十五日
崇山 禪

양대 강맥 전강식

2009년 가산 큰스님께서 대원 문재현 전법선사님께 남방 가야산 해인
사 용성 대선사와 북방 금강산 장안사 회광사선불의 양대 강맥을 전강
하는 전강식이 있었습니다.

백용성 대조사님이 봉암 대희(봉암 월주) 대강백에게 내린 전법게

백용성 대조사 진영

봉암 월주 장실에게 보이다

산머리 돌은 우뚝 솟구쳤고
바위 밑의 물은 맑고 맑도다
글을 읽고 또 조는데
꽃가지의 새소리 자자하네

봉암 대희 대강백이 석가산 대강백에게 내린 전강송

봉암 대희 대강백 진영

태화 가산 강실에게 보이다

석가는 한마디도 한 적이 없고
나 또한 한마디도 한 적이 없는데
용성은 봉암에게 뜻과 같이 말했으니
가산은 다함없이 설하여라

석가산 대강백의 전강 법문 및 전강송

석가산 대강백

산승에게는 두 가지 강맥이 있으니 그 하나는 북방의 금강산 장안사 화공불이라고 일컬어지는 화엄종주의 강맥이며, 또 하나는 남방의 해인사 육신보살이라 일컬어지는 삼일 독립운동의 민족대표로서 용성 진종 대조사의 강맥입니다. 이 두 강맥을 산승은 총구하고 기쁜 마음으로 대원 문재현 전법선사께 전하고자 합니다.

능초 대원 강실에게 보이다

석가께서 일찍이 전한 바가 없고
나 또한 일찍이 전한 바가 없는데
용성은 다함 없이 전했으니
능초여 뜻과 같이 전할진저

▽ 전강송

대원 문재현 전법선사님의
수강 법문 및 수강송

근대의 선지식 중 그 지혜가 밝아 유일하게 우주론에까
지 조예가 있었던 백용성 대선사님의 강맥은 강맥 그대로
가 법맥이라고 할 것입니다. 또한 금강산 장안사의 강맥
역시 국내에서 유일하게 석가산 대강백만이 받아 지닌 강
맥이라 할 것입니다. 미래에 바른 불법을 전해주기 위해
서는 깨달음이 없는 역경(譯經)으로는 안 되기에, 지금으
로부터 48년 전인 1962년 대구 동화사에서 전강 대선사
님으로부터 인가를 받아 부처님의 혜명을 이은 이 사람이
이 양대 강맥을 꼭 받아 지녀야 한다는 석가산 대강백의
간곡한 청을 받아들였으니 이 큰 뜻이 헛되지 않도록, 정
법을 위한 일들을 쉼 없이 노력해 나갈 것을 다시 한번 이
자리를 빌려 다짐하는 바입니다.

🌀 수강송

동산에 뜨는 달 옥구슬 같고
서령에 지는 해 황금과 같네
언하에 곧바로 일 없는 이라야
화엄을 누리는 대장부라 할걸세

🌀 화엄수강송

법을 위해 몸 잊을 것 서원한 이 사람이기에
이와 같은 일이 오늘에 있음일세
근본 뜻을 맹세코 미래까지 전할 것을
부처님전 마음으로 약속하는 대원이니

오늘의 이 일을 모두가 기뻐들하여서
숲속의 금수들도 노래를 저리들 부르고
산천의 초목들도 찬탄의 춤을 추고 있는데
이 모임의 대중들은 아십니까, 모릅니까?
악!
(주장자를 두 번 치다)

今日此事都歡喜
林裏禽獸在歌唱
山川草木讚嘆舞
是會大衆會未舞
喝!
(柱杖二下)

중국 선종 사찰 법거량

대원 문재현 선사님께서는 2003년 11월 달마에서 육조까지 중국 최고의 선종 사찰인 소림사, 혜가사, 건원사, 쌍봉사, 동산사, 남화선사와 더불어 운거사, 운문사, 동림사, 백마사 등을 주유하며 그곳의 방장 스님들과 법거량하셨습니다.

초조 달마 대사의 도량

| 소림사 문답

대원 선사
소림사에 와서 소림무술의 정수는 보았습니다.
그런데 소림사의 선(禪)의 정수는 무엇입니까?

소림 방장
(전략) 사람마다 인연이 같지 않고 선과 악이 다 같지 않습니다. 한마디로 개괄해서 어떻게 말하기 힘듭니다.

대원 선사
결국 사람들이 모두 근기가 달라서 한마디로 하기 어렵다는 말씀입니까?

소림 방장
네.

대원 선사
그렇다면 소림선의 진수를 나에게 한 번 물어보십시오.

소림 방장
(통역을 통하지 않고) 소림선의 진수가 무엇입니까?

대원 선사
악!

▼소림사에서의 문답장면

| 백마사 문답

대원 선사

(찻잔을 들어 보이며)

부처님께서 꽃 든 소식과 내가 이렇게 찻잔을 들어 보인 도리가 같습니까, 다릅니까?

백마사 방장

다르기도 하고 같기도 합니다.

대원 선사

나에게 그 도리를 물어주시오.

백마사 방장

부처님께서 꽃든 소식과 찻잔을 들어 보인 도리가 같습니까, 다릅니까?

대원 선사

하늘의 달과 구름은 같고, 산과 물은 다르다.

▼백마사에서의 문답장면

| 명교사 문답

대원 선사

한 발자국 옮기지 않고 아미타불을 친견할 수 있는 도리가 무엇입니까?

묘안 스님

눈 앞에 극락세계가 있습니다.

대원 선사

어디가 눈 뒤입니까?

묘안 스님

환상입니다.

대원 선사

한 발자국 옮기지 않고 아미타불을 친견할 수 있는 도리를 나에게 물으십시오.

묘안 스님

(말이 없다.)

대원 선사

(자답하기를) 낯앞의 코는 조금 높고, 등 뒤 벽은 곧게 서 있다.

▼명교사에서의 문답장면

▼문답 후 대중사진

정토종의 시원

| 동림사 문답

대원 선사

십만팔천국을 지나 아미타불을 친견한다는데 한 걸음 움직이지 않고 아미타불을 만나는 도리를 일러보시오.

동림사 방장

염불 삼매에 들면 부처님이 마음 속에 있습니다. 서방 극락세계가 여기에 있습니다.

대원 선사

나에게 그 도리를 물어주시오.

동림사 방장

한 걸음 움직이지 않고 아미타불을 만나는 도리를 일러보십시오.

대원 선사

하늘에 해는 둥글고 양자강은 길다.

동림사 방장

물이 맑으면, 달을 볼 수 있고, 마음이 통하면, 서로의 마음이 통할 수 있다.

▼동림사에서의 문답장면

중국 최고의 방장 허운 스님이 계셨다는

| 운거사 문답

대혜 스님

선은 내재적입니다. 외재적인 교류는 모두 마음에서부터 나오는 것입니다. 선은 딱 하나입니다. 둘이 없습니다.

대원 선사

그 하나를 한마디로 말하라면 어떻게 하겠습니까?

대혜 스님

(손을 높이 들었다가 탁자 위에 내려놓다.)

대원 선사

나도 답을 해야 예의가 아니겠습니까.
만일 내게 답을 하라 하면 저 은행나무가 나 먼저 답했다 하겠습니다.
한마디만 더 묻겠습니다. 중국에서 아미타불을 많이 부르는데 어떤 두 사람이 있는데 아미타불을 친견해서 영생불멸하고자 길을 나섰다가 외나무다리 한 가운데에서 딱 만났습니다. 이럴 때 어떻게 해야 하겠습니까?

대혜 스님

제가 직접 만났을 때 대답해 드리겠습니다.

대원 선사

악!

▼운거사에서의 문답장면

| 만년사 문답

대원 선사

보현보살을 보신 적이 있습니까?

만년사 방장

수행을 쌓아 덕을 갖추고 노력하면 볼 수 있습니다.

대원 선사

나에게 보현보살을 친견했는지 물어주시오.

만년사 방장

보현보살을 친견했습니까?

대원 선사

흐르는 계곡 물과 푸른 원림으로 보현과 더불어 함께하고 있습니다.

만년사 방장

선사의 눈에는 모두가 부처지만, 중생들 눈에는 부처님이 중생입니다.

▼만년사

▼만년사에서의 문답장면

| 보국사 문답

대원 선사

나라의 은혜에 보답한다는 것이 보국인데, 부처님의 참다운 은혜로 나날이 먹고사는 이 보답은 어찌 하시렵니까?

보국사 방장

삼보가 하는 일 전부가 은혜를 갚는 일입니다.

대원 선사

나라면, '밖의 매미소리가 그것을 잘 말해주고 있다.' 하겠습니다.

▼보국사에서의 문답장면

| 보봉사 문답

대원 선사
아미산은 보현의 도량이라는데 여기는 어떠한 도량입니까?

보봉사 방장
선정을 닦습니다.

대원 선사
어떤 것이 선입니까?

보봉사 방장
선은 말로 할 수 없고 말로 한다면 선이 아닙니다.

대원 선사
나에게 되물어 주십시오.

보봉사 방장
부처님께서 염화미소로 보이신 것은 말로 할 수 없습니다.

대원 선사
나는 말로 할테니 물어주시오.

보봉사 방장
선은 위 아래도 없습니다.

대원 선사
만약 나라면 '어떤 것이 선이 아니냐.'라고 답하겠습니다.

▼문답 후 저서 증정

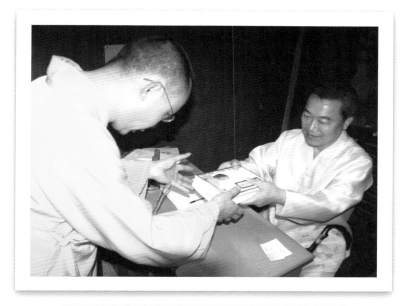

▶
문
답
후
촬
영

| 감산사 문답

대원 선사

여기는 무슨 종입니까?

감산사 스님

율종입니다. 감진 율사의 도량입니다.

대원 선사

동림사는 아미타 염불종이더군요. 중국에 율종 도량이 많지 않은데 말세에 율을 지키기 어려운데 율을 지키며 수행하는 것이 대단합니다.

감산사 스님

우리가 율을 지키는 궁극의 목적은 부처님과 같이 깨닫자는 것입니다. 석가모니 부처님 당시에 돌아가시면서도 계, 율을 스승으로 삼으라고 하셨습니다.

대원 선사

이곳이 천 년 전에 감진 대사가 머물렀던 곳이라는 게 사실입니까? 여기 있은 지는 몇 년이 되십니까?

감산사 스님

2, 3년이 됩니다.

대원 선사

혹 어떤 이가 와서 묻기를 여기 3년 있었는데 감진 대사를 친견했느냐고 묻는다면 무엇이라 답하겠습니까?

감산사 스님

불(佛)의 기초가 있어야만 친견할 수 있습니다.

대원 선사

나는 오늘에야 여기에 발을 디뎠는데 감진 대사를 친견했느냐고 물어
봐 주십시오.

감산사 스님

감진 대사를 친견하셨습니까?

대원 선사

(주장자로 바닥을 치다.)

▼감산사에서의 문답장면

▼문답 후 기념촬영

| 감산사 문답 후의 대원선사님 법문

대원 문재현 선사님께서는 "그 자체로 보라. 일상에 움직였다 하면 그대로 신통이거늘 움츠리고 곤두세워서 공부하는 것으로 알고 있다. 불법은 정말로 평범하고 평등한 것이다. 정법이 스러진 절에 돌아다니고 싶지 않구나." 하시며 게송을 읊으셨다.

주장자 한 소리에 삼천대천이 진동하니	拄杖一聲振三界
옛 벗인 미륵은 활짝 웃건만	故友彌勒破顏笑
집에서 뿌리를 찾는 이는 보지를 못하니	家中尋根人不見
말 없는 모든 성인들이 슬픔을 머금더라	無言諸聖含愴焉

이어서 다시 법문하셨다.
"율사로서 계율을 잘 지키며 수행을 하는 것이 선을 한답시고 막행막식하는 이보다는 낫다. 그래서 우리나라에서도 구인사 신도들이 기도하고 염불하는 수행으로 업이 잠잔 수행자의 상호를 지니고 있는 것이다.

그러나 관세음보살을 아무리 불러서 업을 잠재운다 해도 이것은 잡초를 돌로 눌러놓은 것과 같아서 언젠가는 옆으로라도 튀어나오기 마련이다. 깨달음으로부터 녹인 업은 온전히 흔적없이 제거되기 마련이다. 여러분들이 여러 사람 사이에서 구분이 되는 이유는 바로 이렇게 뿌리부터 업을 제거해 가는 수행을 하고 있기 때문이다.
율종은 멀리멀리 돌아서 길을 가는 것이다. 물론 계율을 지극히 닦으면 악업에는 안 떨어진다. 그래서 나중에는 아라한이 된다."

"순간순간 경계에 자신을 망각하는 것이 일상이 되어서 그렇지 일체가 신통이다. 아주 쉽게 생각하면서 일상에 이렇게 지어갈 뿐 그 자리를 말뚝 붙들듯이 붙들면서 지으려고 하지 말아라. 일상 가운데 자연스럽게 저절로 되어야 한다. 특별한 것이 없으니 티를 내지 말아라.

백만사가 신통이거늘 일상선이 다른 것이랴. 다만 눈으로 본다는 생각을 여의고 그 자체로 보라.

절이란 구부리고 폄 없는 데에서 공손한 것이다. 여러분이 절할 때 나는 남은 내 일을 닦고 있다. 과연 내가 저 절을 받을 만한 이인가. 언제라도 어느 경지에 있는 이라도 참다운 길로 이끌어갈 수 있는 자격자인가. 나의 세 가지 원은 정법을 깨달아, 입을 열었다고 하면 오직 정법만을 이야기하고, 중생이 다하는 그날까지 교화문에 선다는 것이다.

오온개공 도일체고액(五蘊皆空 度一切苦厄)이라는 반야심경의 말씀도 그 자체로 보라는 한마디에는 미칠 수 없다. 오온개공 도일체고액은 한마디로 이 몸이 본래 없다는 이야기인데, 이 몸은 본래 없으므로 이 몸이 없다는 말은 더더욱 있을 수 없다. 팔만대장경이 오직 한마디 가없는 성품 자체로 보라는 이상이 아니다. 이러하다면 율이라는 것은 무슨 개뼈다귀인가. 가없는 성품 자체를 여의지 않으면 어기지 않은 것이다. 늘 익숙한 일을 하며 공부하는 것을 길들여라. 이것이 가장 빠른 길로서 잡생각도 없앨 수 있다."

동남아 사찰 순방

2012년 대원 선사님께서는 캄보디아의 사찰을 방문하여 대담을 나누고 법문을 하셨습니다. 동남아에서는 계율을 지키며 소승의 수행을 하는 사찰이 대부분이라 선문답을 나누는 것이 불가능한 상황이었습니다. 이에 왓 보 사원에서는 주지스님의 청에 따라, 사원 내의 모든 스님들을 모아 왜 대승의 수행을 해야하는가에 대한 법문을 하셨습니다.

캄보디아 바콩 사원

▼바콩 사원에서의 대담장면

▼대담 후 기념촬영

캄보디아 왓 보 사원

왓 보 사원에서의 법문장면

| 왓 보 사원에서의 대담과 법문

대원 선사

불법이라 하면 소승불교가 되었든 대승불교가 되었든 자신을 깨달음에 근본을 두고 있는 걸로 압니다. 그런데 여기 분들은 보고 듣고 생각하는 그 실체를 깨닫기 위해 어떤 방법으로 수행을 하고 있습니까?

캄보디아스님

세 종류가 있습니다. 세 종류의 첫 번째는 계율, 두 번째는 부처님에 대한 믿음, 세 번째는 마음에 대해 어떻게 설할지입니다.

대원 선사

한국 불교에도 세 가지 유형이 있습니다. 염불을 위주로 수행하는 염불종이 있고, 부처님 계율과 경전을 겸해서 수행하는 방법이 있습니다. 염불이나 계율, 경학을 배우는 것은 그 근본 뜻이 어디에 있느냐하면 사대육신을 지닌 사람으로서 먼저 몸을 다스려서 몸으로써 행하는 것을 배우고 난 후 부처님 가르침을 밖으로 구하는 것이 아니라, 내면을 향해서 비추어 수행하는 데에 뜻이 있습니다.

이 두 가지 유형까지는 이곳의 불교와 우리나라 불교가 크게 다른 점이 없습니다. 그런데 또 하나, 한국에는 선으로써 닦는 법이 있습니다. 선은 직지인심 견성성불(直指人心 見性成佛)로서 우리가 보고 듣는 마음의 실체를 바로 가리켜 보여주는 도리입니다. 그런데 이곳의 소승불교에서 하는 이야기를 들어보면 금생에 이 몸으로 그런 깨달음의 경지까지 가는 것은 참 어렵다고만 생각합니다.

하지만 그것은 정말로 어려운 것이 아닙니다. 지금 여러분이 내 말을 듣고 나를 보는 그 실체를 깨달으라는 것이 아닙니까? 스스로 지니고 있어서 지금 그것으로 보고 그것으로 듣고 있는데 무엇이 어렵겠습니까. 여러분들은 금생에 이 몸으로 다 깨달을 수 있습니다.

캄보디아스님

대승불교에 대해서 궁금한 것이 있습니다. 대승불교 스님들이 어떻게 공부하는지 그 방법을 알고 싶습니다.

대원 선사

대승불교 수행에 있어서는 공안도리를 참구하는 방법이 있습니다. 공안도리에는 1,700공안도리가 있는데, 이것을 참구해서 깨닫게 됩니다. 그 중의 한 가지가 '이 무엇인고?' 입니다.

'이 무엇인고?'가 뭐냐 하면 내가 여러분들을 보고 여러분들이 나를 보고 있는, 내가 여러분들의 말을 듣고 여러분들이 나의 말을 듣고 있는 실체, 그것이 무엇인가? 이렇게 참구하는 도리입니다.
그것을 밖에서 찾는 것이 아니라, 지금 '이 무엇인고?'라고 생각하는 마음을 향해서 비추어봅니다.

불교는 궁극적으로 지금 보고 듣고 생각하는 그 실체를 깨달음에 뜻이 있기 때문에 반드시 이 공부를 해야 합니다. 또한 대승, 소승을 막론하고 없는 것을 찾으려는 것이 아니라 지금 보고 듣는 그 실체를 알려는 것이기 때문에 어려울 것이 없습니다.

여러분들도 전부 다 이렇게 수행해가면 그 몸으로 금생에 깨달을 수 있습니다. 다만 어떤 스승을 만나서 배우냐에 따라 달라질 뿐 여러분의 근기에 있어서 대승, 소승이 따로 있는 것이 아닙니다.

사람 몸 만나기가 얼마나 어렵습니까. 그런데 부처님께서는 '금생미명심(今生未明心) 적수야난소(滴水也難消)'라 하셨습니다. 즉, 지금 이 몸으로 깨닫지 못하면 물방울 만큼도 죄업을 녹이지 못한다는 말입니다. 그래서 나는 금생에 깨닫는 것을 포기하고 그냥 소승의 길만 걷는 것을 참 안타깝게 생각합니다.

정말로 지금 이 몸으로 금생에 깨닫고자 하는 마음이 간절한 분이 이 중에 있다면, 한국의 내가 있는 곳으로 오십시오. 생활을 보장해주고 6년 이내에 깨달아 이 곳으로 돌아오게 해주겠습니다. 아니 평생이라도 수행할 수 있도록 보장하겠습니다.

▼왓 보 사원에서의 법문장면

▼법문 후 왓 보 사원의 스님들과

사막화방지국제연대 활동
International Union to
Prevent Desertification

사막화방지국제연대는 대원 선사님께서 사막화 문제를 해결하기 위해 선원의 사부대중들의 뜻을 모아 설립하셨습니다. 대원 선사님께서는 사막화방지국제연대를 통해 자연에 대한 통찰력과 먼 미래를 내다보는 예지력으로 사막화문제 해결방안을 제시하여 국제사회에 널리 알리고 있습니다. 그럼으로써 국내외 관련 단체들과의 연대를 통해 공동으로 사막화방지 활동을 전개하시고 있습니다. 2012년 184개국이 참여한 창원에서 열린 유엔사막화방지협약(UNCCD) 총회에서 아프리카 부르키나파소와 니제르공화국의 장관들과의 만남 이후 MOU체결을 하게 되었습니다. 현재, 현지에서 돌나물 재배를 통해 '초지조성사업'을 진행하고 있습니다.

▼창원에서 열린 유엔사막화방지협약 총회에서

▼니제르공화국과 부르키나파소와의 MOU 체결서

IUCD와 APS 간 양해각서

대한민국의 사막화방지국제연대(IUCD)와 부르키나파소의 APS(Association Prudence au Sahel)는 무호관계의 증진을 목적으로 양 당사자에게 유익한 장기적 협력을 추구할 것을 다음과 같이 의원한다:

제 1조 (목적)
본 양해각서의 목적은 양 당사자의 공동관심사항인 사막화 방지, 사막의 효율적인 조성, 환경보호 및 UN의 개발목표인 지속가능한 개발 추진에 있다.

제 2조 (협력 원칙)
- IUCD와 APS는 사막화 방지 협력을 위하여 최선의 노력을 다한다.
- IUCD와 APS는 본 양해각서의 내용을 신뢰와 상호존중 원칙에 따라 이행한다.

제 3조 (협력 분야)
협력 당사자는 다음과 같은 분야에 있어서 업무협력을 추진한다.
1. 사막화 방지
2. 사막의 효율적인 조성
3. 당사자간 합의가 이루어진 활동

제 4조 (역할 분담)
- IUCD는 사막화 방지를 위한 정보와 기술을 제공하고 프로젝트 실행에 협력한다.
- APS는 사업 시행을 위하여 현지의 제반 여건과 환경 조성에 협력한다.
- IUCD와 APS는 프로젝트 실행을 위하여 기금 조성에 협력하며 필요시 재정적인 지원을 한다.
- 홍보와 모니터링은 공동으로 진행한다.

제 5조 (일반 사항)
- 본 협약의 시행에 필요한 세부적인 협력사항은 상호간의 협의에 의하여 시행한다.
- 본 협약은 서명일로부터 효력을 발생한다; 모든 수정 및 파기는 협약 당사자들의 합의로 이루어진다.

2012년 8월 27일

IUCD	APS
Union Internationale de Lutte contre la Désertification	Association Prudence au Sahel
Président Moon Jae Hyeon	Secrétaire Exécutif Moussa Ouédraogo

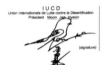

Protocole d'entente entre l'IUCD et l'APS

Dans le but de promouvoir des relations amicales, l'Union Internationale de Lutte contre la Désertification (IUCD) de la République de Corée et l'Association Prudence au Sahel (APS) du Burkina Paso se mettent d'accord comme suit de poursuivre une coopération à long terme bénéfique au travail des deux parties :

Article 1 (Objectif)
L'objectif de ce protocole d'entente est de coopérer pour la prévention de la désertification et un aménagement efficace du désert, et qui constitue une préoccupation commune aux deux parties, ainsi que la sauvegarde de l'environnement et la poursuite du développement durable, qui est l'objectif de développement de l'ONU.

Article 2 (Principes de coopération)
- L'IUCD et l'APS feront de leur mieux pour coopérer pour la prévention de la désertification.
- L'IUCD et l'APS exécuteront les contenus de ce protocole d'entente suivant les principes de confiance et de respect mutuel.

Article 3 (Domaines de coopération)
Les parties travailleront ensemble dans les domaines suivants :
1. Prévention de la désertification
2. Aménagement efficace du désert
3. Activités conventionnées par les deux parties

Article 4 (Répartition des tâches)
- L'IUCD fournira les informations et la technologie pour lutter contre la désertification et collaborera dans la mise en application des projets.
- l'APS collaborera dans l'aménagement des conditions générales sur le terrain pour l'exécution des projets.
- L'IUCD et l'APS collaboreront. pour la mise en œuvre des projets -dans la constitution du fonds .et si nécessaire, apporteront une aide financière.
- La communication et le suivi seront faits en commun

Article 5 (Sujets généraux)
- Les points détails de coopération nécessaire à l'application de cette convention seront exécutés selon un accord réciproque.
- Cette convention sera valable à partir de la date de la signature ; toute modification ou annulation sera faite sur accord des parties coopérantes.

Le 27 août 2012

IUCD	APS
Union Internationale de Lutte contre Désertification	Association Prudence au Sahel
Président Moon Jae Hyeon	Secrétaire Exécutif Moussa Ouédraogo

PROTOCOLE D'ENTENTE ENTRE L'UNION INTERNATIONALE DE LUTTE CONTRE LA DÉSERTIFICATION ci-après dénommée IUCD ET LE GOUVERNEMENT DE LA RÉPUBLIQUE DU NIGER

Préambule
L'Union Internationale de Lutte contre Désertification (IUCD) et le Gouvernement de la République du Niger, représenté par le Ministère de l'Hydraulique et de l'Environnement ci-après dénommés «les Parties»; Dans le cadre de ce « Protocole d'entente » ci-après dénommé «l'Accord»; Exprimant le désir de renforcer les relations amicales et d'établir une coopération à long terme dans le domaine de la lutte contre la désertification ; Reconnaissant que la création des conditions pour une bonne exécution des projets sur le terrain une coopération étroite dans les domaines scientifique, technique et technologique; Tenant compte des avantages et des intérêts communs d'une coopération plus étroite dans le domaine de la lutte contre la désertification; Souhaitant renforcer la coopération dans le cadre des accords internationaux et conventions multilatérales auxquelles les deux parties adhèrent; Ont convenu de ce qui suit:

Article 1 : Objectif
L'objectif de ce protocole d'entente est de coopérer dans la lutte de la désertification, la sauvegarde de l'environnement et la promotion du développement durable, qui constituent des préoccupations communes aux deux parties, ainsi que l'objectif de développement de l'ONU.

Article 2 : Principe de coopération
- L'IUCD et le gouvernement du Niger mettront en commun leurs efforts pour une coopération dans le domaine de lutte contre la désertification.
- L'IUCD et le gouvernement du Niger exécuteront les contenus de ce protocole d'entente suivant les principes de confiance et de respect mutuels.

Article 3 : Domaine de coopération
Les parties travailleront ensemble dans les domaines suivants :
1. Prévention de la désertification
2. Aménagement efficace du désert
3. Activités conventionnelles par les deux parties

Article 4 : Répartition des tâches
- L'IUCD fournira les informations et la technologie pour lutter contre la désertification et collaborera dans la mise en œuvre des projets.
- Le gouvernement du Niger veillera à création des conditions pour une bonne exécution des projets sur le terrain.
- L'IUCD et le gouvernement du Niger collaboreront dans la mobilisation des ressources pour la mise en œuvre des projets.
- La communication et le suivi seront faits conjointement par les deux parties.

Article 5 : Amendement et conflit
Le présent Accord peut être amendé par consentement mutuel écrit des Parties à tout moment. Ces amendements entreront en vigueur selon la procédure établie à l'article 6 du présent Accord. Les modalités de coopération nécessaire à l'application de cette convention seront discutées de commun accord entre les deux parties.
Tout différend qui pourrait surgir de l'interprétation ou mauvaise application des termes du présent Accord devra être résolu à l'amiable par deux les parties et par voie de négociation.

Article 6 : Entrée en vigueur
Cette convention entrera vigueur à partir de la date de la signature, toute modification ou annulation sera faite de commun accord entre les deux parties.

Le 27 août 2012

IUCD	République du NIGER
Union Internationale de Lutte contre Désertification	Ministère de l'Hydraulique et de l'Environnement
Président Moon Jae Hyeon	Secrétaire Général Mamane/Mamadou

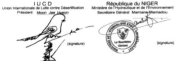

사막화방지국제연대(IUCD)와 니제르공화국 정부 간 양해각서

전문
물과 환경부를 대표하는 니제르공화국 정부(이하 «양 당사자라 함)와 사막화방지국제연대(IUCD)는; 이 양 협정서는 이하 협약이라 하며, 우호관계 증진, 무호관계 증진 및 사막화 방지 분야에서 장기적인 협력을 구축하기 희망하며; 사막화를 힘써 방지는 과학, 기술 및 공학 분야에서의 긴밀한 협력이 요구됨을 인정하고; 사막화 방지 분야에서 더 긴밀한 협력의 혜택과 이익을 고려하여; 양 당사자가 소속된 국제협약 및 다자적인 범위에서 협력 강화를 희망하며; 다음과 같이 합의한다.

제 1조 : 목적
본 양해각서는 양 당사자의 공동 관심분야이고, UN의 개발 목표이기도 한 사막화 방지, 환경보호 및 지속 가능한 개발 추진을 위하여 협력하는 데 있다.

제 2조 : 협력원칙
- 니제르정부와 IUCD는 사막화 방지 사업 분야의 협력을 위해 공동으로 노력한다.
- 니제르정부와 IUCD는 신뢰와 상호존중의 원칙에 따라 본 양해각서의 내용을 이행한다.

제 3조 : 협력분야
양측은 다음 분야에서 공동으로 입한다.
1. 사막화 예방
2. 사막의 효율적인 조성
3. 당사자간 합의가 이루어진 활동

제 4조 : 역할분담
- IUCD는 사막화 방지를 위한 정보와 기술을 제공하고 프로젝트 실행에 협력한다.
- 니제르정부는 현장에서 사업시행을 위한 적정한 환경조건을 조성한다.
- 니제르 정부와 IUCD는 프로젝트를 구현을 위한 자원동원에 협력한다.
- 홍보와 모니터링은 양측이 공동으로 진행한다.

제 5조 : 수정 및 충돌
- 본 협약은 당사자들의 서면 동의에 의하여 언제든지 개정될 수 있다. 그 개정은 본 협정서의 제6조에서 명시된 절차에 따라 효력이 발생한다.
- 본 협약 의 이행에 필요한 협약의 세부방안은 양측의 공동협의로 협의한다.
- 본 협약 해석 및 오남용으로 발생할 수 있는 모든 갈등은 양 당사자가 화해적으로 및 협상으로 해결한다.

제 6조 : 발효.
본 협약은 서명일로부터 유효하며 협약 의 모든 수정 및 파기는 양측의 공동합의에 의한다.

2012년 8월 27일

IUCD	République du NIGER
Union Internationale de Lutte contre Désertification	Ministère de l'Hydraulique et de l'Environnement
Président Moon Jae Hyeon	Secrétaire Général Mamane Marpadou

니제르 공화국
1차 시험재배 (2014.3)
현지 생육상태(4개월 경과)

니제르 공화국
2차 시험재배 (2015.03)
나무지주와 철망 설치

니제르 공화국
3차 시험재배 (2016.02)
나무지주와 망 설치

1차 | 재배지 타당성 조사

사막화지역의 안정된 재배지에 모종을 식재해서 지속적
생산 가능성을 확인하였습니다.
2013.11.25 ~ 2014.3.24 (4개월)

2차 | 생장과정 모니터링

사막화 지역에 직접 식재하여, 주변에 풀이 자라나지 않
는 춥고 건조한 시기임에도 성공적으로 자랐으나, 파충
류, 조류, 벌레의 침입으로 인해 방지대책이 필요해졌습
니다.
2015.03.08 ~ 2015.06.23 (3개월)

3차 | 운영 지원 설계

전문가를 파견하여 모종 재배지를 선별하고, 모종을 시
범적으로 재배하는 현지 재배관리인을 양성하며, 운영에
대한 원격 지도를 진행합니다. 또한 기자재 지원 등 기술
지원을 합니다.
2016.03 ~ (진행중)

언론에 소개된
대원 문재현 선사님

대원 문재현 선사님의 정맥 전승의 기록과 교화의 발자취가
현대불교신문 2007년 11월 21일자에 < 거사선의 리더 >라는
제목의 기사와 2015년 2월 26일 < 정법의 원류 >라는 제목
의 기사로 소개되었습니다.

2011년 10월 19일자에 < 사막화, 남의 문제가 아닙니다. >라
는 제목의 기사로 선사님의 사막화방지국제연대 회장으로서
의 활동이 소개되었습니다.

1997년 7월 3일 서울시청뉴스에 "민족의 정통사상 살려야"라
는 제목의 기사에 선사님의 저서 천부경이 소개되었습니다.

정신세계사에서 발행한 명상 월간지 < 정신세계 > 2000년
10월호에 < 깨달아 열어 보인 참자유의 세계. 환단고기 >라는
제목으로 선사님의 법과 역저 환단고기가 소개되었습니다.

그리고 다시 2001년 1월호에 박권규 기자가< 경허, 만공, 전
강, 문재현 선사로 이어져온 불교의 정법 "영원한 현실을 누
리십시오.">라는 제목으로, 선사님의 문답과 인터뷰를 대대
적으로 특집기사화하였습니다. 선사님의 제자들과의 문답이
< 자성의 빛, 침 하나 설 수 없는 자리에 펼쳐진 우주 >라는
제목하에, 선사님과의 인터뷰가 < 진리와 과학의 만남 >이라
는 제목하에 실렸습니다.

고희의 나이 잊고 '전법도생' 온 힘

〈傳法度生〉

거사선의 리더들 ❾ - 대원 문재현 거사

경기도 포천시 내촌면 음현리, 소리고개(音峴里) 산길을 따라 펼쳐진 6000여 평의 부지위에 4개 동의 건물이 각각 자리 잡고 있는 국제 육조정맥선원(www.zenparadise.com). 11월 11일 오전, 대웅전에 참배하기위해 올라가니, 선원장 증오 스님이 대웅전 아래 건축공사 현장에서 포크레인을 직접 운전하고 있었다. 선방을 짓고 있는 현장에는 스님들이 작업복을 입고 구슬땀을 흘리고 있었다. 그야말로 '하루 일하지 않으면 하루 먹지 않는다(一日不作 一日不食)'는 백장청규(百丈清規)의 현장을 보는 듯한 느낌이 들었다. 150여 평에 달하는 웅장한 대웅전을 사부대중이 직접 지었다는 증오 스님의 설명을 들으니, 그 불심에 감탄하지 않을 수 없었다.

증오 스님으로부터 선원의 연혁과 절 살림살이를 들으니, 철저한 자급자족의 수행 공동체임이 느껴졌다. 게다가 이 곳 본원을 비롯해 광주, 서울, 부산 등지에 머무는 40여명에 달하는 스님들이 스승으로 모시는 대원 문재현(71) 거사에 대한 존경심은 대단했다. 그것은 대원 거사가 경허-만공 선사의 법을 이어 '지혜제일'이라 불리었던 전강(田岡, 1898~1975) 선사의 인가제자로서 선법을 드날리고 있다는 자부심이었다.

오후 2시가 되자, 대웅전으로 스님과 신도들이 몰려온다. 대원 거사의 정기 선법문이 있는 날이다. 200여 출·재가 대중이 횡렬가를 울리자 대원 거사가 <선문염송>의 '염화미소(拈華微笑)' 공안에 이은 '가섭삼처(迦葉三乘)' 공안을 제창하며 법문을 시작했다.

"아난 존자가 가섭 존자에게 질문했다. '석가세존께서 가섭 존자에게 금란가사를 전한 일 이외에 또 무엇을 전했습니까?' 그러자 가섭은 '아난이여' 라고 불렀다. 아난은 '예' 라고 대답하니, 가섭은 '문전의 찰간(刹竿)에 걸려있는 깃발을 철거하라(倒却門前刹竿着)' 라고 말했다.

여기서 가섭이 '아난이여' 하고 부르고, 아난이 '예'라고 대답한 그것으로 이심전심의 전법이 모두 끝났기 때문에 더 이상 불데의 찰간에 깃발을 내세울 설법이 있다는 표시를 할 필요가 없다는 법문이다.

대원 거사는 용성-전강 선사의 선문답에서 전강 스님이 '예'하고 대답한 기연 역시, 가섭과 아난 존자의 선문답과 유사하지만, 아난 존자는 당시에 깨닫지 전이었기에 몰랐고 전강 선사는 알고 답했다고 덧붙였다.

즉, 어느 날 용성(龍城, 1864~1940) 선사가 전강 스님에게 '어떤 것이 제일구(第一句)'하고 물었을 때, 전강 스님이 '예!'라고 답하며 제일구를 곧바로 드러냈다는 것이다.

대원 거사의 이런 선법문은 기초교리는 물론 선어록에 등장하는 공안(화두)에 대한

사전지식 없이는 알아듣기 어렵다. 그럼에도 선원의 대중은 난해한 공안집인 <선문염송>과 <벽암록> <전등록> <무문관>은 물론이요 <신심명> <증도가> <선가귀감> 등의 선어록을 꾸준히 공부하여 이미 상당한 안목을 갖춘 수행자들임을 엿볼 수 있었다.

물론 육조정맥선원의 수행자들이 화두 참구에만 매진하는 것은 아니다. 오히려, 대원 거사는 일상 속에서 성품을 여의지 않고 자재하게 쓰는 공부를 강조한다.

"이 현실 속에서도 성공하고 공부도 잘 할 수 있다. 직장에서는 다 내려놓고 열심히 일을 하라. 그러나 일할 때 이외의 길을 걷는다든가 화장실을 간다든가 차를 기다린다든가 이런 공백을 호의(毫釐)도 헛되이 버리지 말라. 시간 없는 사람이 더 공부를 잘 할 수 있다. 공백을 놓치지 말라."

대원 거사는 스님과 신도들에게 늘 '방심(放心)하지 말라'고 당부한다. 행주좌와 어묵동정이 늘 일행삼매(一行三昧)가 되도록 공부를 지어가야 한다는 것이다. 제자들의 얼굴빛이 하나같이 선객답지 않게 급상하면서도 밝고 맑은 빛이 감도는 것은, 늘 스승의 지도·점검 아래 본래면목을 여의지 않고 고요하면서도 깨어있는 마음공부를

선법문을 하는 대원 문재현 거사위). 선법문을 듣기 위해 모인 200여 명의 출·재가 대중들(아래).

지어가기 때문이 아닐까 여겨졌다.

1936년 광주에서 태어난 대원 거사는 불과 18세에 오직 깨달음에 뜻을 두고 전국을 방랑하는 구도행각에 올랐다. 1954년 인곡선사를 은사로 해인사에서 출가한 그는 2년만에 전북 고창 선운사 도솔암에서 지내던 중 소나무에 바람 스치는 한 소리에 활연대오(豁然大悟)했다고 한다. 1957년 경봉, 동산, 고봉, 설봉, 금봉, 효봉, 금오, 춘성, 청담, 전강 선사 등 당대의 선지식을 두루 참문한 그는 전강 선사를 스승으로 모시게 된다. 1961년 하안거 결제 중 전강 선사가 불국사 조실이었던 월산 선사 입회하에 인가하며, "부처와 조사도 일찍이 전한 것이 아니거늘(佛祖未嘗傳) 나 또한 어찌 받았다 하며 준다 할 것인가(我亦何受授) 이 법이 2000년대에 이르러서(此法二千年) 널리 천하 사람을 제도하리라(度天下人)"는 전법게를 내렸다고 한다.

이때부터 대구 동화사 포교당에 개설한 시민선방에서 교화를 시작한 그는 이듬해 동화사에서 '바로보인 금강경'을 출간한 이후 환속해 20년간 은둔하며 보림공부를 했다. 1986년 도롱 스님 등 여러 사람이 설법을 청해 광주 선우회를 조직하고 본격적인 대중 교화에 나섰다. 1988년 광주 삼원선원에 이어 1991년 서울 분원, 1994년 부산 분원을 설립했다. 역경과 저술 작업으로 바쁜 틈을 쪼개며 1995년 '바로보인 출판사'를 설립해 문서포교에 진력, <바로보인 선문염송> <영원한 현실> 등 15종 30여 권의 저서를 발간했다.

거사의 신분으로 선법(禪法)을 전하면서 말 못할 고비를 수없이 넘긴 그는 오늘도 고희(古稀)의 노구를 잊고 전법도생(傳法度生)의 서원을 실현하기 위해 촌음을 아끼고 있다.

대원 거사는 매월 첫째 주 일요일(서울 분원) 선가귀감, 셋째 주 일요일(광주 분원) 선문염송, 넷째 주 일요일(부산 분원) 반야심경 법문을 하며 선객들의 안목을 열어주고 있다. (02)3494-0122

김성우 객원기자(buddhapia5@daum.net)

| 〈거사선의 리더들〉에 실린 내용

경기도 포천시 내촌면 음현리, 소리고개(音峴里) 산길을 따라 펼쳐진 6000여 평의 부지위에 4개 동의 건물이 각각 자리 잡고 있는 국제 육조정맥선원(www.zenparadise.com). 11월 11일 오전, 대웅전에 참배하기 위해 올라가니, 선원장 증오 스님이 대웅전 아래 건축공사 현장에서 포크레인을 직접 운전하고 있었다. 선방을 짓고 있는 현장에는 스님들이 작업복을 입고 구슬땀을 흘리고 있었다. 그야말로 '하루 일하지 않으면 하루 먹지 않는다(一日不作 一日不食)'는 백장청규(百丈淸規)의 현장을 보는듯한 느낌이 들었다. 150여 평에 달하는 웅장한 대웅전을 사부대중이 직접 지었다는 증오 스님의 설명을 들으니, 그 불심에 감탄하지 않을 수 없었다.

증오 스님으로부터 선원의 연혁과 절 살림살이를 들으니, 철저한 자급자족의 수행공동체임이 느껴졌다. 게다가 이곳 본원을 비롯해 광주, 서울, 부산 등지에 머무는 40여 명에 달하는 스님들이 스승으로 모시는 대원 문재현(71) 거사에 대한 존경심은 대단했다. 그것은 대원 거사가 경허-만공 선사의 법을 이어 '지혜제일'이라 불리었던 전강(田岡, 1898~1975) 선사의 인가제자로서 선법을 드날리고 있다는 자부심이었다.

오후 2시가 되자, 대웅전으로 스님과 신도들이 몰려온다. 대원 거사의 정기 선법문이 있는 날이다. 200여 출·재가 대중이 청법가를 올리자 대원 거사가 〈선문염송〉의 '염화미소(拈華微笑)' 공안에 이은 '가섭찰간(迦葉刹竿)' 공안을 제창하며 법문을 시작한다.
"아난 존자가 가섭 존자에게 질문했다. '석가세존께서 가섭 존자에게 금란가사를 전한 일 이외에 또 무엇을 전했습니까?' 그러자 가섭은 '아난이여!'라고 불렀다. 아난은 '예'라고 대답하니, 가섭은 '문전의 찰간(刹竿)에 걸려있는 깃발을 철거하라(倒却門前刹竿着)!'라고 말했다."

여기서 가섭이 "아난이여!" 하고 부르고, 아난이 "예!"라고 대답한 그것으로 이심전심의 전법이 모두 끝났기 때문에 더 이상 쓸데없이 찰간에 깃발을 내세워 설법이 있다는 표시를 할 필요가 없다는 법문이다.

대원 거사는 용성-전강 선사의 선문답에서 전강 스님이 "예!" 하고 대답한 기연 역시, 가섭과 아난 존자의 선문답과 유사하지만, 아난 존자는 당시에 깨닫기 전이었기에 몰랐고 전강 선사는 알고 답했다고 덧붙였다.

즉, 어느 날 용성(龍城, 1864~1940) 선사가 전강 스님에게 "어떤 것이 제일구(第一句)냐?" 하고 물었을 때, 전강 스님이 "예!"라고 답하며 제일구를 곧바로 드러냈다는 것이다.

대원 거사의 이런 선법문은 기초교리는 물론 선어록에 등장하는 공안(화두)에 대한 사전지식 없이는 알아듣기 어렵다. 그럼에도 선원의 대중은 난해한 공안집인 〈선문염송〉과 〈벽암록〉〈전등록〉〈무문관〉은 물론이요 〈신심명〉〈증도가〉〈선가귀감〉 등의 선어록을 꾸준히 공부하여 이미 상당한 안목을 갖춘 수행자들임을 엿볼 수 있었다.

물론 육조정맥선원의 수행자들이 화두 참구에만 매진하는 것은 아니다. 오히려, 대원 거사는 일상 속에서 성품을 여의지 않고 자재하게 쓰는 공부를 강조한다.

"이 현실 속에서도 성공하고 공부도 잘 할 수 있다. 직장에서는 다 내려놓고 열심히 일을 하라. 그러나 일할 때 이외의 길을 걷는다든가 화장실을 간다든가 차를 기다린다든가 이런 공백을 호리(毫釐)도 헛되이 버리지 말라. 시간 없는 사람이 더 공부를 잘 할 수 있다. 공백을 놓치지 말라."

대원 거사는 스님과 신도들에게 늘 "방심(放心)하지 말라"고 당부한다. 행주좌와 어묵동정이 늘 일행삼매(一行三昧)가 되도록 공부를 지어가야 한다는 것이다. 제자들의 얼굴빛이 하나같이 선객답지 않게 곱상하면서도 밝고 맑은 빛이 감도는 것은, 늘 스승의 지도·점검 아래 본래 면목을 여의지 않고 고요하면서도 깨어있는 마음공부를 지어가기 때문이 아닐까 여겨졌다.

1936년 광주에서 태어난 대원 거사는 불과 18세에 오직 깨달음에 뜻을 두고 전국을 방랑하는 구도행각에 올랐다. 1954년 인곡 선사를 은사로 해인사에서 출가한 그는 2년 만에 전북 고창 선운사 도솔암에서 지내던 중 소나무에 바람 스치는 한 소리에 활연대오(豁然大悟)했다고 한다. 1957년 경봉, 동산, 고봉, 설봉, 금봉, 효봉, 금오, 춘성, 청담, 전강 선사 등 당대의 선지식을 두루 참문한 그는 전강 선사를 스승으로 모시게 된다. 1962년 하안거 결제 중 전강 선사가 불국사 조실이었던 월산 선사 입회하에 인가하며, "부처와 조사도 일찍이 전한 것이 아니거늘(佛祖未曾傳) 나 또한 어찌 받았다 하며 준다 할 것인가(我亦何受授) 이 법이 2000년대에 이르러서(此法二千年) 널리 천하 사람을 제도하리라(廣度天下人)"는 전법게를 내렸다고 한다.

이때부터 대구 동화사 포교당에 개설한 시민선방에서 교화를 시작한 그는 이듬해 동화사에서 〈바로보인 금강경〉을 출간한 이후 환속해 20년간 은둔하며 보림공부를 했다. 1986년 도륜 스님 등 여러 사람이 설법을 청해 광주 선우회를 조직하고 본격적인 대중 교화에 나섰다.

1988년 광주 선원에 이어 1991년 서울 분원, 1994년 부산 분원을 설립했다. 역경과 저술 작업으로 바른 불법을 펴기 위해 1995년 '바로보인 출판사'를 설립해 문서포교에 진력, 〈바로보인 선문염송〉, 〈영원한 현실〉 등 15종 30여 권의 저서를 발간했다.

거사의 신분으로 선법(禪法)을 전하면서 말 못할 고비를 수없이 넘긴 그는 오늘도 고희(古稀)의 노구를 잊고 전법도생(傳法度生)의 서원을 실현하기 위해 촌음을 아끼고 있다.

대원 거사는 매월 첫째 주 일요일(서울 분원) 선가귀감, 셋째 주 일요일(광주 분원) 선문염송, 넷째 주 일요일(부산 분원) 반야심경 법문을 하며 선객들의 안목을 열어주고 있다. (02)3494-0122

김성우 객원기자(buddhapia5@daum.net)

정맥선원에서 낸 <거사선의 리더들>에 대한 정정기사

2007년 11월 21일(수요일)자 현대불교신문의 기사 <거사선의 리더들 9 - 대원 문재현 거사>편의 16면 하단의 대원 선사님의 공안 법문 내용에 대한 기사를 다음과 같이 정정합니다.

아난 존자가 가섭 존자에게 질문했다. "석가세존께서 가섭 존자에게 금란가사를 전한 일 이외에 또 무엇을 전했습니까?" 그러자 가섭은 "아난이여!"라고 불렀다. 아난이 "예."라고 대답하니, 가섭은 "문 앞의 찰간대를 꺾어버려라." 라고 말했다. 여기서 가섭이 "아난이여!"라고 부른 것은 바로 들어 보이는 도리건만 아난이 알아차리지 못하므로, "문 앞의 찰간대를 꺾어버려라."라고 하여 재차 들어 보였다고 대원 거사는 법문하였다. 그러나, 용성 선사와 전강 선사의 선문답에서 용성 선사가 전강 선사에게 "어떤 것이 제일구냐?"하고 물었을 때 전강 선사가 "예?"라고 한 것은 아난이 "예."라고 대답한 것과는 달리, 제일구를 곧바로 들어 보인 답이라고 하였다.

정법의 원류

조계종 수덕사 문중인
용성 진종 대선사님

▲ 대원(大圓) 문재현(文載賢) 선사

♣ 선종 공안의 기원 - 염화미소

세존께서 영산회상(靈山會上)에서 꽃을 들어 대중에게 보이자 이때에 대중이 모두 그 뜻을 몰라 묵묵히 있는데 오직 가섭 존자만이 미소를 지었다. 세존께서는 "나에게 정법안장(正法眼藏), 열반묘심(涅槃妙心), 실상무상(實相無相), 미묘법문(微妙法門), 불립문자(不立文字), 교외별전(敎外別傳)이 있으니 마하가섭에게 부촉(付囑)하노라."라고 하셨다.

이 공안(公案)은 선종(禪宗) 공안의 기원이라 할 수 있다.

♣ 불법의 골수 - 공안법

말법시대에 이르러 최상승 공안도리에 어둡다 보니 요즘 국내에서 손꼽히는 선도량에서도 공공연하게 공안이 더 이상 필요없다고 설하고 있다 한다. 이는 석가모니 부처님께서 부촉하신 법을 정면으로 부정하는 말이라 할 것이다. 부처께서는 당초 깨달음 이외의 다른 법을 말씀하신 적이 없으며, 더욱이 영산회상에서 마하가섭에게 바로 이 꽃을 들어 보인 공안도리로 법을 부촉하셨다. 그러므로 공안은 깨달음에 곧바로 이르는 최고의 방편이자 불법의 핵심, 골수라고 할 것이다. 헌데 현대에 맞게 이러한 공안도리를 제창하고 지도할 수 있는 이가 없다는 이유만으로 공안법을 부정하는 것은 불법의 교조인 석가모니 부처님께서 부촉하신 법 자체를 부정하는 것이다. 공안에 대한 바른 안목을 열어 석가모니 부처님께서 부촉하신 바를 헛되게 하지 말아야 할 것이다.

♣ 인가받지 않으면 천연외도

하지만 또 한편으로는 부처님께서 말법시대라고 칭하신 이 시대에 스스로 깨달았다 하고, 공안을 거론하며 교화하고 있는 것을 과연 좋다고만 할 일인지 생각해 보지 않을 수가 없다. 동서양을 막론하고 공안법으로 교화한다는 것은 수월한 일일 수가 없으니, 깨달아 일체종지를 통달해야만 공안법에 막힘이 없기 때문이다.

부처님께서는 3000여년 전 당시부터 이 시대의 불법을 이미 상세히 예언해 놓

으셨으며, 이때를 대비하여 인가법을 두셨다. 부처님의 이름을 빌고, 불법의 탈을 쓰고 수많은 사도의 무리가 불법을 해친다는 이 혼란스러운 말법시대에 있어서 부처님께서 대비해 놓으신 인가법이야말로 정법과 사법을 가늠할 수 있는 기준이 된다 할 수 있다. 그러므로 부처님께서 전법하신 바를 소중히 지켜가되 또한 인가받지 않으면 천연외도라는 부처님의 말씀을 잊어서는 안 될 것이다.

♣ 정법의 맥 - 인가의 맥

이 말법시대에 부처님으로부터 이어온 정법안장, 열반묘심, 실상무상, 미묘법문, 불립문자, 교외별전의 심인을 인가받아 교화의 선봉에 서 있는 선지식이 있다. 전강(田岡) 영신(永信) 선사의 법맥과 더불어 용성(龍城) 진종(震鍾) 선사의 강맥을 한 몸에 받아 지닌 대원(大圓) 문재현(文載賢) 선사가 그이다.

부처님으로부터 28대인 달마대사가 중국으로 건너와 초조가 되어 단비구법(斷臂求法) 등의 수많은 일화를 남기며 전해져 다시 해동으로 이어져 내려왔다. 근대에 있어서 경허, 만공, 전강 선사에게로 이어진 이 법맥을 전강 선사는 대원 선사에게 전하였다.

♣ 전강 선사의 법맥
- 대원 선사에게로

1956년 21세 때, 전북 고창 선운사 도솔암에서 지내던 중, 소나무를 스치는 바람소리에 활연대오한 후, 대원 선사는 당대의 10대 선지식인 전강, 우화, 경봉, 동산, 금오, 설봉, 금봉, 고봉, 춘성 선사 등을 모두 친견하여 문답을 나누었다. 그 중 대표적인 것이 경봉 선사와의 문답이다.

당시 한 곳에 주석하지 않고 전국을 떠돌던 전강 선사를 친견하기를 고대하던 중, 전강 선사로부터 법의 광맥 김경봉 선사가 양산 통도사 극락암에 있다는 말을 듣고 찾아뵈었다.

때는 늦가을이라 경봉 선사는 앞 텃밭에서 감을 따고 있었다. 대원 선사가 예를 갖추고 우뚝 서 있으니, 경봉 선사가 눈길도 주지 않고 감을 따며 물었다.

"어디서 왔는가?"

"호남에서 왔습니다."

"무슨 공부를 했는가?"

"선(禪) 공부를 했습니다."

"어떤 것이 선인가?"

마침 경봉 선사가 막 장대 끝에서 감을 빼는 찰나에 대원 선사가 번개같이 답하였다.

"감이 붉습니다."

이때 한 번도 눈길을 주지 않던 경봉 선사가 대원 선사를 흘낏 쳐다보더니 다시 감을 따면서 물었다.

"그대가 불법을 아는가?"

"알았다면, 불법이 아닙니다."

경봉 선사를 비롯하여 이렇게 여러 답을 나눈 대원 선사가, 모시고 지내기가 그렇게 소원이던 전강 선사를 군산 은적사에 모시게 되었다.

모시고 지내던 때는 가을 추수가 한창

일 때였다. 추수일을 하다 점심 공양을 하고 잠시 쉬는 사이, 법당 앞마당에서 전강 선사와 마주치게 되었다. 이때 전강 선사가 갑자기 대원 선사에게 물었다.

"공적(空寂)의 영지(靈知)를 이르게."

"이러-히 스님과 대답합니다."

"영지의 공적을 이르게."

"스님과의 대답이 이러-합니다."

전강 선사는 여기에 그치지 않고 끝까지 점검하였다.

"어떤 것이 이러-히 대답하는 경지인가?"

"명왕(明王)은 어상(御床)을 내리지 않고 천하를 밟습니다."

이러한 문답이 있은 후, 대원 선사가 다시 전강 선사를 모시게 된 것은 1962년 전강 선사가 대구 동화사의 조실로 있을 때였다.

하루는 전강 선사가 대원 선사의 3연으로 되어 있는 제1오도송이 길다고 평하였다. 대원 선사는 이때, 김제의 들을 지나다가 석양의 해와 달을 보고 문득 읊었던 제2오도송을 읊었다.

해는 서산 달은 동산 덩실하게 엊혀 있고
김제의 평야에는 가을빛이 가득하네
대천이란 이름조차 서지를 못하는데
석양의 마을길엔 사람들 오고 가네

제2오도송을 들은 전강 선사가 이어서 그와 같은 경지를 담은 게송을 이 자리에서 즉시 한 수 지어볼 수 있겠냐고 하였다. 대원 선사는 곧바로 다음과 같이 읊었다.

바위 위에는 솔바람이 있고
산 아래에는 황조가 날도다
대천도 흔적조차 없는데
달밤에 원숭이가 어지러이 우는구나

위 송의 앞의 두 구를 들을 때만 해도 지그시 눈을 감고 있던 전강 선사가 뒤의 두 구를 마저 채우자 문득 눈을 뜨고 기뻐하는 빛이 역력했다. 그러나 전강 선사는 이에 그치지 않고 다시 물었다.

"대중들이 자네를 산으로 불러내고 그 중에 법성(향곡 스님 법제자인 진제 스님. 동화사 선방에 있을 당시에 '법성'이라 불렸고, 나중에 '법원'으로 개명하였다.)이 달마불식 도리를 일러보라 했을 때 '드러났다'고 대답했다는데. 만약 자네가 당시의 양무제였다면 '모르오'라고 이르고 있는 달마 대사로 어떻게 했겠는가?"

대원 선사가 답하였다.

"제가 양무제였다면 '성인이라 함도 서지 못하나 이러-히 짐의 덕화와 함께 어우러짐이 더욱 좋지 않겠습니까?' 하며 달마 대사의 손을 잡아 일으켰을 것입니다."

전강 선사가 탄복하였다.

"어느새 그 경지에 이르렀는가?"

"이르렀다를 어찌 하며, 갖추었다곤들 어찌 하며, 본래라곤들 어찌 하리까? 오직 이러-할 뿐인데 말입니다."

대원 선사가 연이어 답하자 전강 선사가 이에 환희하니 두 분이 어우러진 자리가 백아가 종자기를 만난듯, 고수 명창 어울리듯 화기애애하였다.

이런 철저한 검증의 자리가 있은 후, 전강 선사는

부처와 조사도 일찍이 전한 것이 아니거늘
나 또한 어찌 받았다 하며 준다 할 것인가
이 법이 2천년대에 이르러서
널리 천하 사람을 제도하리라

라는 전법게와 더불어 아래와 같은 부송을 주어 대원 선사를 전법제자로 인가하였다.

어상을 내리지 않고 이러-히 대한다 함이여
뒷날 돌아이가 구멍 없는 피리를 불리니
이로부터 불법이 천하에 가득하리라

♣ 용성 선사의 강맥
- 대원 선사에게로

또한 2009년 8월 9일 국내의 북방, 남방의 양대 강맥을 전하는 전강 대법회에서 대원 선사에게 양대 강맥을 전하는 신표로서 금강산 강맥의 불자와 달라이라마로부터 받은 석가모니부처님의 진신사리가 함께 전해졌다. 특히 용성 선사로부터 봉암 대회 강백에게 이어진 전강의 강맥은 그대로 전법의 법맥과도 같다고 할 것이다. 스승인 전강 선사 역시 수덕사 만공 선사와 해인사 용성 선사의 법을 한 몸에 받았으니, 그 스승에 그 제자라고 아니할 수 없다.

♣ 이근원통법(耳根圓通法)으로
깨달음의 문을 열다

대원 문재현 선사의 교화의 행보는 참으로 다양하고 활발발해서 무엇부터 먼저 이야기해야 할지 막막할 정도이다. 우선 불법을 선양하는 제일의 일은 부처님의 혜명을 이어 불법의 정신자(正信者)를 내는 일일 것이다. 금강경에서 부처님께서 말씀하시기를 말법시대에도 무량천만 불소에 선근을 심은 이가 깨끗한 믿음을 내리라고 하셨다.

대원 선사는 깨달은 이후 오랜 보림과 교화를 통해 현대인들이 사무쳐 들어올 수 있는 방법으로 많은 불법의 정신자를 내었다. 이 지도법은 부처님께서도 능엄경에서 말씀해 놓으신 방법으로 부처님께서는 "이근원통으로 관세음보살이 깨달았으며, 이것이 욕계의 중생들이 깨달음에 이르는 가장 좋은 방법이다."라고 하셨다.

대원 선사는 '이 뭐꼬' 화두를 피상적으로 주는 것이 아니라 (내관하는 법을 터득하게 하여) '이 뭐꼬' 화두 자체가 마음에 일체되게 하는 방법으로 지도하고 있으며, 소리를 보아 이근원통하는 법으로 스스로의 마음에 사무치 들게 하고 있다. 실로 육조대사 이후 앉은 자리에서 제접하는 대로 수행자를 깨닫게 하는 경우는 대원 선사가 유일하다고 할 것이다.

♣ 밀밀한 보림의 지도

깨달음에 있어서 뿐만 아니라 깨달은 이후의 보림에 있어서도 "그 자체로 보라", "방심하지만 말라", "당초에 상을 보지 말라" 등등 실증에 입각한 보림구를 통해서 깨달음의 경지를 일상화하도록 단계적으로 밀밀하게 이끌고 있는다. 또한 "남보다 내가 한 삽 더 뜬다는 마음이면, 세계 평화가 이루어진다", "남의 종이 되라" 등의 수많은 명언을 낳으며 실생활 속에 불법을 실천하고 있다.

♣ 전국의 불사와 법회

포천, 서울, 부산, 광주, 해남 등 전국에 성불사, 이문질, 도봉사, 자모사, 육조사, 성도사, 대불사 등의 도량을 직접 건립한 것은 그야말로 무에서 유를 이루는 행보였으며, 현재까지 전국의 모든 도량의 법회를 주관하여 선문염송 등 공안법문으로부터 금강경, 증도가 등의 선법문을 쉬지 않고 있다.

♣ 불서 편찬
- 부처님의 은혜를 갚고 불법을 드날리다

뿐만 아니라 80의 노구로 감당하기 어려운 벅찬 일정 속에서도 전등록, 선문염송, 무문관, 벽암록 등의 선종 최고의 공안집과 금강경, 반야심경, 유마경 등의 경전, 신심명, 증도가, 선가귀감, 법융선사심명, 법성게, 현종기 등의 조사어록, 불법과 선문의 가장 근간이 되며, 난해하다고 일컬어지는 모든 서적들을 바로 보이는 번역으로 출간해 내었으며, 시송과 평창을 통해 이 시대에 알맞게 새로이 제창하였다. 현재에는 화엄경 80권 역경작업이 진행중이며 해동전등록, 선문용어 사전 등의 원고도 출간을 준비하고 있다.

그리고 누구나 궁금한 33가지, 바른 불자가 됩시다 등으로 일반인이 쉽게 불법을 접할 수 있도록 하는 법문까지도 놓치지 않고 있다. 그 외에 대원 선사의 저서인 실증설은 영어, 불어, 스페인어, 중국어 등 4개 국어로 번역되고, 화두, 불조정맥 역시 한영중 3개국어 판으로 출간되어 전세계에 불법을 널리 알리고 있다.

♣ 지구를 경영하자
- 지혜의 빛을 만인에게

이렇게 직접적으로 불법을 수호하고 선양하는 행보로부터 이 지구를 죄없이 살 수 있는 별로 만들어 미래의 모두가 수행하는 큰 수행도량으로 이루어놓겠다는 서원을 세우고 '사막화방지 국제연대(IUPD)'를 출범시켰다. 본성의 지혜로 이루지 못할 것이 없으며, 본성의 지혜에 더 버금갈 것이 없다고 하며 지구뿐 아니라 우주도 경영해내야 한다고 하였다.

모든 이가 인연이 있는 곳에 다시 태어나기에 지구를 살피는 일은 미래의 나의 일, 나의 자손의 일이라고 하며 사막의 확장을 막는 일과 사막을 경영하는 일, 황무지를 초원화하는 일에 새로운 해결책을 제시하였다. '유엔사막화방지협약(UNCCD)' 총회'에서 사막화 방지 대책을 공개하여 아프리카의 부르키나파소와 니제르공화국과 협약을 했으며, 현재 두 나라에서 성공적으로 실험을 마치고, 황무지를 초원화하는 일이 진행되고 있다.

♣ 이변과 사변으로 종횡무진
- 살아있는 선의 모습

부처님의 무궁한 지혜는 시공을 초월하여 삼천대천세계에 두루하고 그 법음은 과거, 현재, 미래를 넘나들며 구류를 구제하였다. 이러한 일은 불법이 아니면 안 되고, 불보살님이 아니라면 할 수 없다. 이 시대에 이변과 사변에 통달하여 막힘없이 종횡무진하며 살아있는 선의 모습을 보여주는 대원 선사의 행보는 말법시대에 희유한 불법의 지표라 할 것이다. 이것이 120세를 예언하고 사는 대원 선사의 남은 40년 교화되는 이유이다.

▲ 경기도 포천 성불사 대웅전

▲ 대원 선사님 출간 저서 70권

| 〈정법의 원류〉에 실린 내용

♣ 선종 공안의 기원 – 염화미소

세존께서 영산회상(靈山會上)에서 꽃을 들어 대중에게 보이자 이때에 대중이 모두 그 뜻을 몰라 묵묵히 있는데 오직 가섭 존자만이 미소를 지었다. 세존께서는 "나에게 정법안장(正法眼藏), 열반묘심(涅槃妙心), 실상무상(實相無相), 미묘법문(微妙法門), 불립문자(不立文字), 교외별전(教外別傳)이 있으니 마하가섭에게 부촉(付囑)하노라."라고 하셨다. 이 공안(公案)은 선종(禪宗) 공안의 기원이라 할 수 있다.

♣ 불법의 골수 – 공안법

말법시대에 이르러 최상승 공안도리에 어둡다 보니 요즘 국내에서 손꼽히는 선 도량에서도 공공연하게 공안이 더 이상 필요없다고 설하고 있다 한다. 이는 석가모니 부처님께서 부촉하신 법을 정면으로 부정하는 말이라 할 것이다. 부처님께서는 당초에 깨달음 이외의 다른 법을 말씀하신 적이 없으며, 더욱이 영산회상에서 마하가섭에게 바로 이 꽃을 들어 보인 공안도리로 법을 부촉하셨다. 그러므로 공안은 깨달음에 곧바로 이르르는 최고의 방편이자 불법의 핵심, 골수라고 할 것이다. 헌데 현대에 맞게 이러한 공안도리를 제창하고 지도할 수 있는 이가 없다는 이유만으로 공안법을 부정하는 것은 불법의 교조인 석가모니 부처님께서 부촉하신 법 자체를 부정하는 것이다. 공안에 대한 바른 안목을 열어 석가모니 부처님께서 부촉하신 바를 헛되게 하지 말아야 할 것이다.

♣ 인가받지 않으면 천연외도

하지만 또 한편으로는 부처님께서 말법시대라고 칭하신 이 시대에 스스로 깨달았다 하고, 공안을 거론하며 교화하고 있는 것을 과연 좋다고만 할 일인지 생각해보지 않을 수가 없다. 동서양을 막론하고 공안법으로 교화한다는 것은 수월한 일일 수가 없으니, 깨달아 일체종지를 통달해야만 공안법에 막힘이 없기 때문이다.

부처님께서는 3000여년 전 당시부터 이 시대의 불법을 이미 상세히 예언해 놓으셨으며, 이때를 대비하여 인가법을 두셨다. 부처님의 이름을 빌고, 불법의 탈을 쓰고 수많은 사도의 무리가 불법을 해친다는 이 혼란스러운 말법시대에 있어서 부처님께서 대비해 놓으신 인가법이야말로 정법과 사법을 가늠할 수 있는 기준이 된다 할 수 있다. 그러므로 부처님께서 전법하신 바를 소중히 지켜가되 또한 인가받지 않으면 천연외도라는 부처님의 말씀을 잊어서는 안 될 것이다.

♣ 정법의 맥 - 인가의 맥

이 말법시대에 부처님으로부터 이어온 정법안장, 열반묘심, 실상무상, 미묘법문, 불립문자, 교외별전의 심인을 인가받아 교화의 선봉에 서 있는 선지식이 있다. 전강(田岡) 영신(永信) 선사의 법맥과 더불어 용성(龍城) 진종(震鍾) 선사의 강맥을 한 몸에 받아 지닌 대원(大圓) 문재현(文載賢) 선사가 그분이다.

부처님으로부터 28대인 달마대사가 중국으로 건너와 초조가 되어 단비구법(斷臂求法) 등의 수없는 일화를 남기며 전해져 다시 해동으로 이어져 내려왔다. 근대에 있어서 경허, 만공, 전강 선사에게로 이어진 이 법맥을 전강 선사는 대원 선사에게 전하였다.

♣ 전강 선사의 법맥 – 대원 선사에게로

1956년 21세 때, 전북 고창 선운사 도솔암에서 지내던 중, 소나무를 스치는 바람소리에 활연대오한 후, 대원 선사는 당대의 10대 선지식인 전강, 우화, 경봉, 동산, 금오, 설봉, 금봉, 고봉, 춘성 선사 등을 모두 친견하여 문답을 나누었다. 그 중 대표적인 것이 경봉 선사와의 문답이다.

당시 한 곳에 주석하지 않고 전국을 떠돌던 전강 선사를 친견하기를 고대하던 중, 전강 선사로부터 법을 깨친 원광 김경봉 선사가 양산 통도사 극락암에 있다는 말을 듣고 찾아뵈었다.

때는 늦가을이라 경봉 선사는 앞 텃밭에서 감을 따고 있었다. 대원 선사가 예를 갖추고 우뚝 서 있으니, 경봉 선사가 눈길도 주지 않고 감을 따며 물었다.

"어디에서 왔는가?"

"호남에서 왔습니다."

"무슨 공부를 했는가?"

"선(禪) 공부를 했습니다."

"어떤 것이 선인가?"

마침 경봉 선사가 막 장대 끝에서 감을 빼는 찰나에 대원 선사가 번개같이 답하였다.

"감이 붉습니다."

이때 한 번도 눈길을 주지 않던 경봉 선사가 대원 선사를 힐끗 쳐다보더니 다시 감을 따면서 물었다.

"그대가 불법을 아는가?"

"알았다면, 불법이 아닙니다."

경봉 선사를 비롯하여 이렇게 여러 문답을 나눈 대원 선사가, 모시고 지내기가 그렇게 소원이던 전강 선사를 군산 은적사에서 모시게 되었다.

모시고 지내던 때는 가을 추수가 한창일 때였다. 추수일을 하다 점심 공양을 하고 잠시 쉬는 사이, 법당 앞마당에서 전강 선사와 마주치게 되었다. 이때 전강 선사가 갑자기 대원 선사에게 물었다.

"공적(空寂)의 영지(靈知)를 이르게."

"이러-히 스님과 대담합니다."

"영지의 공적을 이르게."

"스님과의 대담에 이러-합니다."

전강 선사는 여기에 그치지 않고 끝까지 점검하였다.

"어떤 것이 이러-히 대답하는 경지인가?"

"명왕(明王)은 어상(御床)을 내리지 않고 천하 일에 밝습니다."

이러한 문답이 있은 후, 대원 선사가 다시 전강 선사를 모시게 된 것은 1962년 전강 선사가 대구 동화사의 조실로 있을 때였다.

하루는 전강 선사가 대원 선사의 3연으로 되어 있는 제1오도송이 길다고 말하였다. 대원 선사는 이때, 김제의 들을 지나다가 석양의 해와 달을 보고 문득 읊었던 제2오도송을 일렀다.

　해는 서산 달은 동산 덩실하게 얹혀 있고
　김제의 평야에는 가을빛이 가득하네
　대천이란 이름자도 서지를 못하는데
　석양의 마을길엔 사람들 오고 가네

　제2오도송을 들은 전강 선사가 이어서 그와 같은 경지를 담은 게송을 이 자리에서 즉시 한 수 지어볼 수 있겠냐고 하였다. 대원 선사는 곧바로 다음과 같이 읊었다.

　바위 위에는 솔바람이 있고
　산 아래에는 황조가 날도다
　대천도 흔적조차 없는데
　달밤에 원숭이가 어지러이 우는구나

　위 송의 앞의 두 구를 들을 때만 해도 지그시 눈을 감고 있던 전강 선사가 뒤의 두 구를 마저 채우자 문득 눈을 뜨고 기뻐하는 빛이 역력했다. 그러나 전강 선사는 이에 그치지 않고 다시 물었다.
　"대중들이 자네를 산으로 불러내고 그중에 법성(향곡 스님 법제자인 진제 스님. 동화사 선방에 있을 당시에 '법성'이라 불렸고, 나중에 '법원'으로 개명하였다.)이 달마불식 도리를 일러보라 했을 때 '드러났다'

고 대답했다는데, 만약 자네가 당시의 양무제였다면 '모르오'라고 이르고 있는 달마 대사에게 어떻게 했겠는가?"

대원 선사가 답하였다.

"제가 양무제였다면 '성인이라 함도 서지 못하나 이러-히 짐의 덕화와 함께 어우러짐이 더욱 좋지 않겠습니까?' 하며 달마 대사의 손을 잡아 일으켰을 것입니다."

전강 선사가 탄복하였다.

"어느새 그 경지에 이르렀는가?"

"이르렀다곤들 어찌 하며, 갖추었다곤들 어찌 하며, 본래라곤들 어찌 하리까? 오직 이러-할 뿐인데 말입니다."

대원 선사가 연이어 답하자 전강 선사가 이에 환희하니 두 분이 어우러진 자리가 백아가 종자기를 만난듯, 고수 명창 어울리듯 화기애애하였다.

이런 철저한 검증의 자리가 있은 후, 전강 선사는

부처와 조사도 일찍이 전한 것이 아니거늘
나 또한 어찌 받았다 하며 준다 할 것인가
이 법이 2천년대에 이르러서
널리 천하 사람을 제도하리라

라는 전법게와 더불어 아래와 같은 부송을 주어 대원 선사를 전법제자로 인가하였다.

어상을 내리지 않고 이러-히 대한다 함이여
뒷날 돌아이가 구멍 없는 피리를 불리니
이로부터 불법이 천하에 가득하리라

♣ 용성 선사의 강맥 – 대원 선사에게로

또한 2009년 8월 9일 국내의 북방, 남방의 양대 강맥을 전하는 전강 대법회에서 대원 선사에게 양대 강맥을 전하는 신표로서 금강산 강맥의 불자와 달라이라마로부터 받은 석가모니부처님의 진신사리가 함께 전해졌다. 특히 용성 선사로부터 봉암 대희 강백에게 이어진 전강의 강맥은 그대로 전법의 법맥과도 같다고 할 것이다. 스승인 전강 선사 역시 수덕사 만공 선사와 해인사 용성 선사의 법을 한 몸에 받았으니, 그 스승에 그 제자라고 아니할 수 없다.

♣ 이근원통법(耳根圓通法)으로 깨달음의 문을 열다

대원 문재현 선사의 교화의 행보는 참으로 다양하고 활발발해서 무엇부터 먼저 이야기해야 할지 막막할 정도이다. 우선 불법을 선양하는 제일의 일은 부처님의 혜명을 이어 불법의 정신자(正信者)를 내는 일일 것이다. 금강경에서 부처님께서 말씀하시기를 말법시대에도 무량천만불소에 선근을 심은 이가 깨끗한 믿음을 내리라고 하셨다.

대원 선사는 깨달은 이후 오랜 보림과 교화를 통해 현대인들이 사무쳐 들어올 수 있는 방법으로 많은 불법의 정신자를 내었다. 이 지도법은 부처님께서도 능엄경에서 말씀해 놓으신 방법으로 부처님께서는 "이근원통으로 관세음보살이 깨달았으며, 이것이 욕계의 중생들이 깨달음에 이르는 가장 좋은 방법이다."라고 하셨다.

　대원 선사는 '이 뭐꼬' 화두를 피상적으로 주는 것이 아니라 (내관하는 법을 터득하게 하여) '이 뭐꼬' 화두 자체가 마음에 일체되게 하는 방법으로 지도하고 있으며, 소리를 보아 이근원통하는 법으로 스스로의 마음에 사무쳐 들게 하고 있다. 실로 육조 대사 이후 앉은 자리에서 제접하는 대로 수행자를 깨닫게 하는 경우는 대원 선사가 유일하다고 할 것이다.

♣ 밀밀한 보림의 지도

　깨달음에 있어서 뿐만 아니라 깨달은 이후의 보림에 있어서도 "그 자체로 보라", "방심하지만 말라", "당초에 상을 보지 말라" 등등 실증에 입각한 보림구를 통해서 깨달음의 경지를 일상화하도록 단계적으로 밀밀하게 이끌고 있으며, 또한 "남보다 내가 한 삽 더 뜬다는 마음이면, 세계 평화가 이루어진다", "남의 종이 되라" 등의 수없는 명언을 낳으며 실생활 속에 불법을 실천하게 하고 있다.

♣ 전국의 불사와 법회

포천, 서울, 부산, 광주, 해남 등 전국에 성불사, 이룬절, 도봉사, 자모사, 육조사, 성도사, 대통사 등의 도량을 직접 건립한 것은 그야말로 무에서 유를 이루는 행보였으며, 현재까지 전국의 모든 도량의 법회를 주관하여 선문염송 등 공안법문으로부터 금강경, 증도가 등의 선법문을 쉬지 않고 있다.

♣ 불서 편찬 - 부처님의 은혜를 갚고 불법을 드날리다

뿐만 아니라 80의 노구로 감당하기 어려운 벅찬 일정 속에서도 전등록, 선문염송, 무문관, 벽암록 등의 선종 최고의 공안집과 금강경, 반야심경, 유마경 등의 경전, 신심명, 증도가, 선가귀감, 법융선사심명, 법성게, 현종기 등의 조사어록, 불법과 선문의 가장 근간이 되며, 난해하다고 일컬어지는 모든 서적들을 바로 보이는 번역으로 출간해 내었으며, 시송과 평창을 통해 이 시대에 알맞게 새로이 제창하였다. 현재에는 화엄경 81권 역경작업이 진행중이며 해동전등록, 선문용어사전 등의 원고도 출간을 준비하고 있다.

그리고 누구나 궁금한 33가지, 바른 불자가 됩시다 등으로 일반인이 쉽게 불법을 접할 수 있도록 하는 법문까지도 놓치지 않고 있다. 그 외에 대원 선사의 저서인 실증설은 영어, 불어, 스페인어, 중국어 등 4개 국어로 번역되고, 화두, 불조정맥 역시 한영중 3개국어 판으로 출간되어 전세계에 불법을 널리 알리고 있다.

♣ 지구를 경영하자 - 지혜의 빛을 만인에게

이렇게 직접적으로 불법을 수호하고 선양하는 행보로부터 이 지구를 죄없이 살 수 있는 별로 만들어 미래의 모두가 수행하는 큰 수행도량으로 이루어놓겠다는 서원을 세우고 '사막화방지국제연대(IUPD)'를 출범시켰다. 본성의 지혜로 이루지 못할 것이 없으며, 본성의 지혜에 더 버금갈 것이 없다고 하며 지구뿐 아니라 우주도 경영해내야 한다고 하였다.

모든 이가 인연이 있는 곳에 다시 태어나기에 지구를 살피는 일은 미래의 나의 일, 나의 자손의 일이라고 하며 사막의 확장을 막는 일과 사막을 경영하는 일, 황무지를 초원화하는 일에 새로운 해결책을 제시하였다. '유엔사막화방지협약(UNCCD) 총회'에서 사막화 방지 대책을 공개하여 아프리카의 부르키나파소와 니제르공화국과 협약을 맺었으며, 현재 두 나라에서 성공적으로 실험을 마치고, 황무지를 초원화하는 일이 진행되고 있다.

♣ 이변과 사변으로 종횡무진 - 살아있는 선의 모습

부처님의 무궁한 지혜는 시공을 초월하여 삼천대천세계에 두루하고 그 법음은 과거, 현재, 미래를 넘나들며 구류를 구제하였다. 이러한 일은 불법이 아니면 안 되고, 불보살님이 아니라면 할 수 없다. 이 시대에 이변과 사변에 통달하여 막힘없이 종횡무진하며 살아있는 선의 모습을 보여주는 대원 선사의 행보는 말법시대에 희유한 불법의 지표라 할 것이다. 이것이 120세를 예언하고 사는 대원 선사의 남은 40년 교화가 기대되는 이유이다.

"사막화! 남의 문제가 아닙니다"

사막화방지연대 회장 대원 문재현 선사

"심각하게 전개되고 있는 사막화는 기상이변으로 우리나라에도 큰 영향을 미칠 것입니다"

유엔사막화방지협약(UNCCD) 제10차 총회가 10월 10~21일 창원 컨벤션센터에서 열린 가운데 불교계에서도 사막화 방지 운동을 펼쳐 눈길을 끈다.

선방 수좌 스님들과 '사막화방지국제연대' 라는 사단법인체를 2009년 결성해 사막화방지운동에 나서고 있는 사막화방지연대 회장 대원 문재현 선사는 총회 기간 동안 컨벤션센터에서 홍보부스를 설치하고 시민들에게 이 문제의 심각성을 알렸다.

문재현 선사는 이번 유엔사막화방지협약 총회에 대해 "우리나라 사람들이 사막화와 같은 글로벌 이슈에 대한 책임과 역할을 다시 한번 자각하는 계기가 되었으면 하는 바램"이라고 말했다.

선사는 " 사막화의 실상을 살펴보면 방대한 규모와 진행 속도에 놀라게 된다"며 "사막화의 면적은 현재 지구 육지 면적의 3분의1을 차지하고 있으며 매년 점점 더 빠른 속도로 확장돼 가고 있다"고 지적했다.

선사는 "사막화는 인간의 개발과 산업 활동으로 인한 자연 생태계의 파괴로 인한 것으로 지구 생태계의 파괴는 우리 모두에게 엄청난 파장을 몰고 올 것"이라고 진단했다.

선사는 불자들이 간과해왔던 국제 환경이슈에도 관심을 가져달라고 호소했다.

선사는 "사막화와 같은 일은 남의 일이 아니라 바로 나 자신의 일"이라며 "결국 우리들, 우리 후손들이 치러야 한다"고 말했다.

노덕현 기자

noduc@naver.com

만남 '천부경' 주해서 낸 문재현 선사

" 민족의 정통사상 살려야 "

한민족 최고(最古)의 경전이라 일컬어 지는 '천부경(天符經)'을 새로운 시각으로 번역한 주해서가 한 스승과 제자들의 만남에 의해 최근 출판됐다. 대원 문재현 선사가 번역하고, 교사, 회사원, 의사, 승려 등 다양한 직종에 있는 그의 수행제자들이 뜻을 모아 출판한 이 책은 '오늘에 맞게 바로 보인다'는 취지대로 지혜를 사랑하는 사람이라면 누구나 읽고 가까이 할 수 있다.

천부경은 단 81자로 이루어져 있는데 마치 81권의 화엄경을 함축한 듯 존재의 근원과 우주의 생성원리, 운용작용을 담고 있다. 옛 기록에 의하면 환인시대부터 구전으로 전해오다 환웅 배달시대에 사슴그림 글자인 녹도문(鹿圖文)으로, 단군 조선시대(BC 2333~2327)에 와서 전문(篆文)으로 전해져 왔다고 한다. 그러다 신라 말엽 최치원이 전문으로 기록된 비석을 발견해 오늘날 우리가 사용하는 한문으로 번역하고 유포시킨 것이 지금에 이른다. 삼성밀기, 단군세기, 태백일사, 규원사화 등 사서들에 의하면 교화경, 치화경과 함께 태고시대부터 이어져 오면서 널리 사람들을 가르치고, 그 이치를 활용하여 나라와 민족을 바르게 다스리는 경전으로 알려진다.

그러나 전란으로 많은 사료들이 소실되고 불교와 유교를 국교로 숭상함으로써 외면당해오던 천부경은 근대에 와서 학계의 관심 속에 역학이나 수리학으로 풀이한 많은 번역서가 나왔으나 원래의 참뜻은 베일 속에 가리워진 듯 했다.

"다른 번역과는 근본적으로 다릅니다. 지금까지 수리에 의해 해석해 왔지만 천부경은 심오한 진리를 지닌 우리 민족의 근본사상입니다. 깨달은 이가 아닌 학문적인 접근만으론 바른 뜻을 드러낼 수가 없어요." 문재현 선사는 수만년 전의 우리 경전이 5천년 남짓된 복희씨의 주역에 의해 번역돼서는 안된다고 강조한다. 수리에 의해 번역된 데는 천부경의 81자 중 31자가 숫자인데서 연유하는데, 그러나 이 숫자는 심오한 뜻을 가지고 있다는 것이다.

이번 주해서에는 천부경과 함께 민족 고유의 3대경전으로 일컬어지는 교화경(敎化經)과 치화경(治化經) 주해도 함께 수록돼 있다. 본래의 자성과 능력을 자유와 평화의 낙으로 누리며 근원에서의 삶을 살아야 한다고 밝히는 것이 교화경이며, 그러기 위해서는 어떻게 살아야 하는지를 구체적으로 밝혀 제시하고 있는 것이 치화경이다. 특히 치화경은 혼탁한 사회에서 바른 정치를 꿈꾸는 이즈음에 우리 선조들의 가르침이 어떠했는지 귀 기울여 볼만한 대목이다.

"앞으로 동양사상이 세계를 비추는 세상이 도래합니다. 우리의 것이 아무리 좋은 게 있어도 뭡니까? 떨어진 감도 가서 주워 먹는 공을 들여야지요. 천부경을 통해 민족사상을 보다 더 구체화해서 21세기를 이끌어가는 정신적인 지주로 승화 발전시켜야 할 것입니다."

문재현 선사는 식민사관의 손때가 묻지않은 우리 역사서 '환단고기'도 번역 출판할 예정이다.

<이준경 기자>

| 〈민족의 정통사상 살려야〉에 실린 내용

한민족 최고(最古)의 경전이라 일컬어지는 '천부경(天符經)'을 새로운 시각으로 번역한 주해서가 한 스승과 제자들의 만남에 의해 최근 출판됐다. 대원 문재현 선사가 번역하고, 교사, 회사원, 의사, 승려 등 다양한 직종에 있는 그의 수행제자들이 뜻을 모아 출판한 이 책은 '오늘에 맞게 바로 보인다'는 취지대로 지혜를 사랑하는 사람이라면 누구나 읽고 가까이할 수 있다.

천부경은 단 81자로 이루어져 있는데 마치 81권의 화엄경을 함축한 듯 존재의 근원과 우주의 생성원리, 운용작용을 담고 있다. 옛 기록에 의하면 환인시대부터 구전으로 전해오다 환웅 배달시대에 사슴그림 글자인 녹도문(鹿圖文)으로, 단군 조선시대(BC 2333~2327)에 와서 전문(篆文)으로 전해져 왔다고 한다. 그러다 신라 말엽 최치원이 전문으로 기록된 비석을 발견해 오늘날 우리가 사용하는 한문으로 번역하고 유포시킨 것이 지금에 이른다. 삼성일기, 단군세기, 태백일사, 규원사화 등 사서들에 의하면 교화경, 치화경과 함께 태고시대부터 이어져 오면서 널리 사람들을 가르치고, 그 이치를 활용하여 나라와 민족을 바르게 다스리는 경전으로 알려진다.

그러나 전란으로 많은 사료들이 소실되고 불교와 유교를 국교로 숭상함으로써 외면당해오던 천부경은 근대에 와서 학계의 관심 속에 역학이나 수리학으로 풀이한 많은 번역서가 나왔으나 원래의 참뜻은 베일 속에 가리워진 듯했다.

"다른 번역과는 근본적으로 다릅니다. 지금까지 수리에 의해 해석돼 왔지만 천부경은 심오한 진리를 지닌 우리 민족의 근본사상입니다. 깨 달은 이가 아닌 학문적인 접근만으론 바른 뜻을 드러낼 수가 없어요." 문재현 선사는 수만 년 전의 우리 경전이 5천 년 남짓된 복희씨의 주 역에 의해 번역돼서는 안된다고 강조한다. 수리에 의해 번역된 데는 천부경의 81자 중 31자가 숫자인 데서 연유하는데, 그러나 이 숫자는 심오한 뜻을 가지고 있다는 것이다.

이번 주해서에는 천부경과 함께 민족 고유의 3대경전으로 일컬어지 는 교화경(教化經)과 치화경(治化經) 주해도 함께 수록돼 있다. 본래의 자성과 능력을 자유와 평화의 낙으로 누리며 근원에서의 삶을 살아야 한다고 밝히는 것이 교화경이며, 그러기 위해서는 어떻게 살아야 하는 지를 구체적으로 밝혀 제시하고 있는 것이 치화경이다. 특히 치화경은 혼탁한 사회에서 바른 정치를 꿈꾸는 이즈음에 우리 선조들의 가르침 이 어떠했는지 귀 기울여볼 만한 대목이다.

"앞으로 동양사상이 세계를 비추는 세상이 도래합니다. 우리의 것 이 아무리 좋은 게 있어도 뭐합니까? 떨어진 감도 가서 주워 먹는 공을 들여야지요. 천부경을 통해 민족사상을 보다 더 구체화해서 21세기를 이끌어가는 정신적인 지주로 승화 발전시켜야 할 것입니다." 문재현 선사는 식민사관의 손때가 묻지 않은 우리 역사서 '환단고기' 도 번역 출판할 예정이다.

정신세계 10
2000
통권 10호

몸 · 마음 · 영혼을 일깨우는 뉴에이지 종합지 **MONTHLY MAGAZINE FOR MINDVISION**

기획 특집 **단군시대** 민족 정신의 시원을 찾아서

부도지의 창세신화 | 깨달아 열어보인 참자유의 세계, 환단고기 | 삼일신고 음미

대황조 이야기 | 21세기 신과학 문명과 한민족의 전통사상

구도수행기 연재 작가 송기원의 "나를 위로하는 명상"

니코스 카잔차키스 『신을 구원하는 자들 - 영혼의 훈련』

9 771228 774103
ISSN 1228-7741

특집 | 단군시대, 민족정신의 시원을 찾아서

참나를 깨달아 열어보인
참자유의 세계

『환단고기(桓檀古記)』

글 | 윤주영

오직 경계에 떨어져, 좋아하는 것은 취하지 못하고 싫어하는 것은 버리지 못해서 스스로 지옥을 자초하는 사람들에게 이를 깨닫게 하여 자신의 능력을 누릴 뿐인 참 자유를 얻게 하려는 것이 『환단고기』가 추구하는 바이다. 또한 이것이 바로 참나를 깨달아 모든 이치를 통달하고 덕을 완성한 분인 우리의 조상 환인, 환웅, 단군 시조께서 교화하신 바이다.

대부분 많은 사람들이 역사를 다만 사변(思辨)적인 일들의 기록이라고 보거나 좀 더 내면적으로 깊이 궁구해 간다 해도 정치·경제·사회·문화·심리적인 요인에 의해서 파악하려고 하고 있을 뿐 근원적인 데에서 밝게 보지 못하고 있다.

이제 우리 민족의 역사인 환단고기를 이야기함에 있어서 역사란 무엇인가, 어떻게 이루어졌는가 하는 것을 궁구할 때 역사를 이룬 주체에 대해서 생각하지 않을 수 없다.

제 아무리 한 평생을 어려움 없이 즐겁게 살았다 해도 그렇게 평생을 산 당사자가 스스로 누구인지를 모른다면 그 삶은 허깨비의 삶일 것이다. 그처럼 역사를 이룬 주체가 누구인가, 어떤 존재인가를 알지 못하고는 역사라는 것도 무의미할 것이다.

인간의 근원성품과 성품의 본유(本有)한 능력이 사변(事邊)으로 드러난 것이 역사일진대, 표면의 사변적 사실을 나열하고 그 주변을 맴돌며 더듬는 것만으로는 역사의 실상을 밝힐 수 없다. 더구

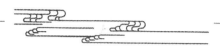

나 우리 민족의 참 역사인 환단고기는 평범한 역사서가 아니다.

　환단고기가 범상한 역사책이 아닌 것은 태초로부터의 역사를 다루고 있으며 신인일체(神人一體)였던 상고시절과 더불어 그 시대의 고준한 진리들이 풀 수 없는 난해한 암호처럼 곳곳에 도사리고 있기 때문이다. 인간과 만물의 역사, 우주 역사의 근원을 밝혀 놓은 책, 환단고기.

　이 글은 최근 간행된 『바로보인 환단고기』의 책 내용을 중심으로 풀어나갈 것이다. 『바로보인 환단고기』는 역저자인 대원(大圓) 문재현(文載賢) 선사가 누구도 풀 수 없었던 환단고기의 진리의 말씀인 삼신일체사상(三神一體思想)을 속속들이 설파하여 놓았다. 여기에는 설만 무성할 뿐 과학도 명확하게 규명하지 못한 우주창조의 비밀까지 낱낱이 밝혀져 있다.

　　물리학자 스티븐 호킹은 입자물리학의 입장에서 우주는 어떻게 탄생했느냐는 질문에 대해 "현대물리학의 입장에서 우주의 탄생은 우주가 돌연적으로 무(無)에서 출현한 것으로 이해하고 있습니다. 여기서 무(無)란 단순히 빈 공간을 의미하는 것이 아니며 시간과 공간 개념조차 없는 절대적인 무(無)를 의미합니다." 라고 답하고 있다.

　그러나 만물의 근원이 절대적 무(無)라고 밝혀놓은 스티븐 호킹도 이 절대적 무(無)의 실체에 대해서는 입을 열지 못하고 있다. 호킹 뿐 아니라 그 어떤 물리학자나 철학자도 밝힐 수 없는 것이 바로 이 절대적 무(無)의 실체이다.

　여기에 대해서 환단고기는 다음과 같이 말하고 있다.

"대시(大始 : 태초)에는 상하와 사방 이전이라 어둠도 아직 볼 수 없었다. 예로부터 지금까지 오직 일(一)인 광명일 뿐인 것이다."
▷태백일사 중 삼신오제본기

"환(桓)이란 전일(全一)인 광명이다. 전일이 삼신(三神) 그것이요, 삼신이 지혜와 능력인 광명이니 삼신의 실다운 덕이 우주만물보다 먼저 있었다."
▷태백일사 중 환국본기

　이 글의 참뜻을 살펴볼 수 있다면, 그래서 단 서너 줄에 실린 무궁무진한 의미를 해독할 수 있다면, 현대물리학이 이야기하고 있는 '무(無)'보다 훨씬 더 구체적이고 설득력 있게 만물의 근원을 말하고 있음을 알 수 있다.

　『바로보인 환단고기』의 역저자인 대원(大圓) 문재현(文載賢) 선사는 이를 해독하여

다음과 같이 자세히 풀이해 놓고 있다.

대시(大始 : 태초)는 하늘땅이 벌어지기 이전이니 시공(時空)이 존재하지 않았다. 따라서 대시(大始)를 시공개념으로 보아 까마득한 옛날이라든가 허공이라든가 하는 관념으로 헤아려서는 알 수 없다.

대시(大始 : 태초)에 어둠도 아직 볼 수 없었다는 말은, 어둠뿐 아니라 빛도 볼 수 없었다는 말이니, 빛과 어둠으로 나뉘기 이전을 말하는 것이다.

시간도 공간도, 빛도 어둠도 없는데 본연(本然)한 것이 무엇이겠는가. 본래 형색 없는 광명인 성품 자체가 수많은 등불빛처럼 중중무진(重重無盡) 나뉨 없이 즉(卽)하여 있는 것이 대시(大始)의 모습이다.

따라서 형색 없는 광명이 무궁무진 즉하였으나 본래 형색 없어 한 티끌 없고, 본래 형색 없어 한 티끌 없으나 스스로 모든 능력을 머금은 형색 없는 광명으로 무궁무진 즉하여 있는 것이 대시(大始)이다.

여기서 말하는 광명이란 안팎이 벌어지기 이전의 모든 능력과 작용의 근원인 본연의 지혜여서, 햇빛도 달빛도 그 어떤 파장의 빛도 아니다. 허공처럼 비어 있으나 허공과는 다르니, 가없어 안팎 없으나 안팎 없음을 아는 자체이다.

또한 안팎 없음을 안다 하나 앎도 식(識)도 아니니, 마치 눈이 눈을 따로 알래야 알 수 없고, 눈이 제 자체인데 저를 모를래야 모를 수 없듯, 가없어 안팎 없는 자체가 스스로 요요(瞭瞭)할 뿐이다.

이것이 최고의 물리학자로 불리는 스티븐 호킹이 접근하지 못하고 있는 '단순한 빈 공간이 아닌 시간과 공간 개념조차 없는 절대적 무(無)'의 실체이다.

만물의 근원이 무(無)라면 그 무(無)는 우주만물을 있게 한 본유한 능력을 머금은 무(無)일수밖에 없다. 그렇지 않다면 우주만물은 비롯될 수 없었을 것이기 때문이다. 주해에서는 이를 가없어 안팎 없는 자체가 스스로 요요할 뿐이라고 밝히고 있다. 여기에서 '스스로 요요하다'고 말한 부분이야말로 만물이 비롯될 수 있게 한 절대적 무(無)의 본유한 능력인 것이다.

한자사전에서도 무(無)자에 대해 '텅 비어 혼연하여 나뉠 수 없는 만물의 근원이 되는 도(道)'라고 설명해 놓고 있으니, 옛 성현들은 이미 이렇게 있고 없음이 나뉨 없는 만물의 이치를 통달한 데서 글자를 만들었던 것이다.

환 단고기는 이렇게 우주 탄생 이전인 성품과 성품의 본유한 능력을 역사의 시발점으로 잡고 있으며 이로부터 온 우주의 역사를 담고 있다. 환단고기를 꿰고 있는 큰 맥인 삼신일체사상의 삼신 역시 다른 것이 아니라 태초인 근원 성품과 성품의 본유

한 능력인 근본지혜, 그 지혜를 발휘함을 말한다. 이를 환단고기에서는 '삼신이 있다 하나 주체인 즉 하나인 신령스러움 일신(一神)'이니 각각의 신이 있는 것이 아니라 작용하는 것을 곧 삼신이라 했을 뿐이다.' 라고 밝히고 있다.

그러면 이 삼신으로부터 우주가 창조되는 과정을 환단고기 본문과 대원 문재현 선사의 주해를 통해 밝혀보겠다.

"오직 성품의 본바탕 '天'에 일신(一神)이 명명(冥冥)히 본래 있어서, 큰 삼(三)이자 두렷한 삼(三)이자 일(一)인 삼(三)으로서 영부(靈符)가 되니, 대(大)에서 내려오고 내려와 영원한 세상의 다함없는 낙을 누리게 했다."
▷태백일사 중 삼신오제본기

"일기(一氣)는 곧 성품의 본바탕 '天'이며 곧 공(空)이지만 스스로 일(一)에 일치한 신(神)이 있어 능히 셋이 된다." 하는 것이다.
▷태백일사 중 소도경전본훈

성품의 본바탕인 체(體)를 보석이라 하고, 보석이 빛을 발하기 이전에 본래 형색 없이 머금고 있는 빛의 근원실체를 지(智)라 하고, 빛을 발할 수 있는 능력을 용(用)이라 하자.

이 보석은 가없는 그리하여 안팎이 없는 투명한 보석이다. 투명하다는 것은 따로이 투명한 색을 지니고 있다는 것이 아니라 그대로 형상도 없고 색깔도 없어 한 티끌 없다는 것이다.

또한 보석이 머금고 있는 빛의 근원실체를 지(智)라 했는데 이는 마치 보석이 빛을 발하기 전에는 그 빛이 있는지 없는지, 알 수도 볼 수도 없듯 그렇게 머금어져 있다.

보석이 빛을 발할 수 있는 능력인 용(用) 역시 보석이 빛을 발하기 전에는 나타나지 않아서 그런 능력을 지니고 있는지 없는지 알 수가 없다. 그러나 알 수 없고 볼 수 없다 해서 보석에 빛의 근원실체와 빛을 발하는 능력이 없다고 할 수는 없다.

돌에 빛을 쏘아 보라. 빛을 발하는가. 따라서 보석이 빛을 발하는 것은 보석이 빛을 발하기 이전에도 본래 그 빛의 근원실체와 빛을 발할 수 있는 능력을 머금고 있기 때문이라는 것을 알 수 있다.

성품은 보석과도 다르다. 보석은 밖의 인연을 만나야 빛을 발하지만 성품은 극정(極靜)에 이르르면 본래 그러한 능력을 지닌 까닭에 스스로 빛을 발하니 이것이 창조의 시발이다.

보석과 그 빛의 근원실체와 빛을 발할 수 있는 능력이 본래 나뉠 수 없으므로 일(一)이라 하고, 보석이 본래 그 빛의 근원실체와 빛을 발하는 능력을 지녔으므로 삼(三)이라 한다. 따라서 일(一)이라 하고 삼(三)이라 하나 그대로 보석이다.

이처럼 체·지·용이 나뉠 수 없어서 일(一)이 곧 삼(三)이며 삼(三)이 곧 일(一)이니, 다만 보석이 머금고 있는 빛의 근원실체, 즉 신령스러운 지혜가 주체가 될 때 일신(一神)이라 하고, 그것을 발할 수 있는 능력이 주체가 될 때 일기(一氣)라 할뿐이다. 그러므로 일신(一神)이란 일(一)이자 삼(三)인 신이며, 일기(一氣)란 일(一)이자 삼(三)인 기이다.

이처럼 본 성품이 삼신의 지혜와 능력을 지녔으며 그로써 화합을 지었다. 또한 뭇 본 성품이 각각 삼신의 지혜와 능력을 지녔으며 그로써 화합을 지었다. 그렇게 펼쳐진 세계에 그렇게 화합 바인 뭇 존재가 각각 삼신의 능력으로 더화를 펼치니, 세계라 하나 성품 뿐이요 만물이라 하나 성품일 따름이다.

이는 마치 뭇 보석이 빛을 발하기 이전에도, 빛을 발했을 때에도, 그 빛으로 만천하를 비출 때에도 보석이듯이 그러하다.

『바로보인 환단고기』가 전하고 있는 것은 이변(理邊)과 사변(事邊), 즉 정신과 물질이 본래 나뉨이 없어서 역사란 인간의 내면으로부터 비롯되었다는 것이다. 뿐만 아니라 지금 현상이라고 이름지어 부르는 것들도 한결같이 성품이 본래 지닌 능력의 발화라는 것이다.

꿈도 꿈꿀 수 있는 능력이 있어서 꾸는 것, 선악도 본래 그 모습을 발현할 수 있는 능력을 지닌 근원으로부터 비롯된 것이다. 근원으로부터 비롯되지 않은 것은 아무 것도 없다. 이것을 망각하고 경계로 알아 집착하고 매달릴 때 그것이 곧 모든 어리석음과 죄악의 시초가 된다.

태초에 스스로 극정(極靜)에서 발한 능력의 빛을 경계로 알아 좇는 데에서 시공과 만상이 비롯되었으며 그것이 실제 있는 양 탐하는 데에서 생사, 선악, 시비가 벌어진 것이다. 이는 마치 꿈이 꿈임을 몰라 꿈속의 생사, 선악, 시비에 휘말려 희노애락, 생노병사의 번뇌가 끊임이 없는 것과도 같다. 그러나 꿈이 꿈임을 알면 꿈이란 오직 마음이 지은 바이다.

따라서 매달릴 경계도, 경계를 초월하여 도달해야 될 근원 마음의 경지도 따로 있지 않아, 꿈속 세상을 살던 그대로가 마음밖에 없는 데에서 본유한 능력을 영위한 것임을 알게 된다. 이와 같이 성품을 깨달으면 온 우주의 일체 현상이 성품의 본연한 지혜와 그 지혜의 쏨임을 깨닫게 되는 것이다.

오직 경계에 떨어져, 좋아하는 것은 취하지 못하고 싫어하는 것은 버리지 못해서 스스로 지옥을 자초하는 사람들에게 이를 깨닫게 하여 자신의 능력을 누릴 뿐인 참 자유를 얻게 하려는 것이 『환단고기』가 추구하는 바이다. 또한 이것이 바로 참나를 깨달아 모든 이치를 통달하고 덕을 완성한 분인 우리의 조상 환인, 환웅, 단군 시조께서 교화하신 바이다.

사람은 끝내 자신의 내면으로부터 비롯하여 사변을 이루기 때문에 내면에서 깨달아 통달치 않고는 스스로의 행복과 더불어 세계평화를 이룩할 수 없다. 인간 내면의 욕심과 어리석음이야말로 세계를 황폐하게 하는 것이요, 근원으로 돌이켜 깨달음에서 영위하는 것이야말로 세계를 환인 시절과 같은 낙원으로 회복하는 유일한 길이다.

우리들이 자주 쓰는 말에 모든 것이 마음먹기에 달렸다는 말이 있다. 이것은 쉬운 말이지만 진리가 담겨 있다. 역사도 마음먹기에 따른 것이다. 그러나 우리는 마음먹기에 자재(自在)하지 못하다. 근원에 사무쳐 마음먹기를 자재해야 한다. 그리하여 환원의 시기를 맞아 근원에서 삶을 영위하는 낙원시대의 횃불이 되어야 한다.

그것만이 이변으로부터 사변으로 벌어져 가면서 경계에 떨어지고 매(昧)하여 탐욕으로 투쟁하고 이기심으로 무장했던 바를 근원으로 회향하여 사변으로부터 이변을 영위하는 세계로 접어들게 할 수 있는 길이다. 또한 21세기로부터 환원의 시대의 장을 열어갈 힘이다.

『바로보인 환단고기』의 역저자인 대원 문재현 선사는, 많은 예언자들이 한결같이 종말론으로 미래의 심판과 멸망을 예고해 왔던 반면, 낙원을 영위하는 시대를 우리의 미래상으로 제시하고 있다. 물론 열매맺기 전의 가을 태풍과 같은 큰 시련들이 인류에게 속출하겠지만 그 이후로는 오히려 인류 출현 이후 최고의 시대를 맞이할 것이라고 하고 있다.

마지막으로 『바로보인 환단고기』가 오늘에 전하는 메시지를 대원 문재현 선사의 한마디에 담아본다.

어둠은 몰아내서 없어지는 것이 아니다.
어둠은 빛으로만 사라진다.
아니, 어둠 그대로가 빛으로 환원되는 것이다.

몸 · 마음 · 영혼을 일깨우는 뉴에이지 종합지

정신세계 01
2001

월간 정신세계 2001년 01월호(통권 13호) · 2001년 01월 25일 발행 · 1999년 11월 11일 등록
등록번호 문화 라-08461 · 월간 정신세계 발행 · 전화 (02)733-3135, 747-7033 값 5,000원

길 위의 큰 스님 경허

빛이 주는 이야기 · 유영일

곽노순의 토마복음 강의

새로운 마음으로 살자 · 김흥호

모름지기 · 박경리

백두산의 힘 · 사진 김정명

원정혜의 요가 교실

스웨덴 보르그의 영혼의 세계

문재현 선사 특별 인터뷰

▼정신세계사 2001년 1월호 수록내용

경허, 만공, 전강, 문재현 선사로 이어져온 불교의 정법

"영원한 현실을 누리십시오"

글 · 사진 박권규

해는 서산 달은 동산 덩실하게 얹혀 있고
김제의 평야에는 가을빛이 가득하네
대천이나 어록자도 서지를 못하는데
석양의 마을길엔 사람들 오고가네

日月兩嶺載同模
金堤平野滿秋色
□立大千之名字
□聯道路人去來
(□□□□ 제 2 오도송)

부처와 조사도 일찍이 전한 것이 아니거늘
나 또한 어찌 받았다 하며 준다 할 것인가
이 법이 2000년대에 이르러서
널리 천하사람을 제도하리라

佛祖未曾傳
我亦何受授
此法二千年
廣度天下人
(전강 대선사가 문재현 선사에게 내린 전법게)

《월간 정신세계》 편집실에서 문재현 선사님과 인연이 닿게 된 것은 2000년 10월호 특집을 준비하면서였다. '단군시대, 민족정신의 시원을 찾아서' 라는 주제의 특집을 꾸미면서 자료조사를 하던 중 문재현 선사의 역저인 『바로보인 천부경』과 『바로보인 환단고기』라는 책을 접하게 되었다.

그 책은 편집진의 눈을 한 순간 사로잡았다. 그 동안 무슨 내용인지 안개 속에 가려져 있던 '천부경' 의 뜻들이 새롭게 다가왔다. 천부경은 한문을 잘 안다고 해서 번역할 수 있는 책이 아니었다. 깨달은 이가 아니라면 환인이 다스리던 환국시대의 경전인 천부경을 지금 이 시대에 명확하게 본래의 뜻을 드러내기가 불가능하다고 생각해오던 터였다.

책을 통한 인연을 계기로 그후 조금씩 문재현 선사를 탐문해 갔다. 그리고 점점 '이 분이 아직 제대로 알려지지 않은 이 시대의 진정한 스승 중 한 분' 이라는 확신이 들었다.

그리고 조금 더 알면 알아갈수록 놀라움은 커져 갔다. 기자가 놀라게 된 내용들을 일일이 적지는 않겠다. 다만 일례를 들자면 이렇다. 석가모니 부처님으로부터 비롯돼 중국을 거쳐 우리 나라에 이어져온 불교 정법의 정맥을 이어받은 분이 바로 문재현 선사였다. 근대의 대선지식인 경허로부터 만공, 전강으로 이이져온 조계종 법통의 종주면서도 어찌 이리 세상에 드러나지 않았을까? 불교에는 거의 문외한인 기자가 헤아리기에 많이 헷갈리는 일이었지만 이제는 아주 조금 알 것 같다(독자 제현께서는 이 교만을 용서하시길). 말법의 시대와 환원의 시대가 교차하고 있다는 주변의 웅성거림 속에서도 진정 준비하는 자는 '지금 여기' 에 사무칠 뿐이었다.

여기에 게재된 문재현 선사님과의 문답과 법문을 정리하는 과정 중에서 많은 도움을 주신 진성 윤주영, 도명 정행태 본연님께 다시 한 번 감사를 드린다. 🈺

자성의 빛,
침 하나 설 수 없는 자리에 펼쳐진 우주

정리 박권규

이 원고는 대원 문재현 선사님이 주로 제자들, 그리고 도를 물으러 찾아오는 사람들과 나눴던 문답들 중에서 기자가 임의대로 '현상계의 실상과 자성自性' 이라는 하나의 주제를 정하고 그에 부합되는 내용만을 정리한 것이다. 주제를 선명하게 드러내기 위해 또 지면 관계상 부득이 질문이나 대답을 축약한 경우도 있다.

문재현 선사는 진리의 길에서는 한 치의 타협도 없지만 법法을 물으러 오는 사람의 어려워하는 그 마음을 걷어내기 위해 농담을 하거나 노래 한자락을 읊조릴 정도로 격의 없는 면모를 보이기도 했다. 그렇듯 친밀하고 부드러운 분위기 속에서 오고 간 이 문답들을 통해 '선지식의 몸은 선지식의 것이 아니라 만인의 것' 이라는 선사의 평소 마음씀이 느껴질 수 있었으면 한다.

문재현 선사를 만나 뵙고 온 후 기자에게는 하나의 물음이 화두처럼 가슴을 맴돌고 있었다. 그 물음에 근접한 문답들을 우선적으로 찾다보니 이러한 주제가 정해졌을 것이다. 그 물음은 다음과 같다.

'우주는 밖이 없다. 밖이 없으면 안이 있을 수 없다. 안팎이 없으면
그 어떠한 것도 있을 수 없다. 그런데 너와 나는 이렇게 마주 앉아 이야기하고 있다.
이 도리를 일러 보아라.'

이 세상은 어떻게 하여 생겨난 것입니까? 우주가 전개된 원인을 알고 싶습니다.

오직 가없는 체성體性 자체로만 있을 때 때로는 은빛이나 금빛, 투명한 가을하늘빛 등 여러 가지 광명을 볼 수가 있습니다. 이것은 자성의 전능한 능력이 발한 빛으로서 마치 보석이 발하는 일곱 가지 빛과도 같습니다. 보석이 인연을 만나 일곱 가지 빛을 발하나 보석의 일곱 가지 빛은 밖으로부터 온 것이 아닙니다.

돌에 아무리 빛을 비춘다 해도 돌이 일곱 가지 빛을 낼 수는 없으니 일곱 가지 빛은 보석이 지니고 있는 본유한 능력인 것입니다. 또한 보석이 빛을 발해서는 보석과 보석이 발한 빛을 나눌 수 없듯 자성과 자성이 본유한 능력으로 발한 빛 역시 그러합니다.

그러나 자성은 밖의 인연을 인하지 않고도 오직 스스로의 능력만으로 빛을 발할 수 있으니 보석과도 다릅니다. 이러한 자성의 본유한 능력의 빛은 보석의 빛이 그러하듯 밖에서 온 것이 아님이 분명하건만 따로 있는 것인 양 좋아하고, 즐기고, 탐하고, 취하려고 했습니다. 여기서 능소가 벌어져 상으로 나타나게 된 것입니다. 나와 경계가 나누어진 데서 취하려 하고, 취하려 하는 데서 가지가지 현상이 나타나고 가지가지 업이 생기게 된 것입니다. 이렇게 각각 익힌 업에 의하여 욕계, 색계, 무색계 등 육도가 벌어지게 되었습니다.

바로 알고보면 자성 자체가 이렇게 불가사의합니다. 침 끝 하나 세울 수 없는 곳에 삼천대천세계를 전개한 것입니다. 마치 어젯밤 꿈세계가 침 끝 하나 설 수 없는 잠재의식 가운데 펼쳐진 것과도 같아서 밖으로 펼친 바도 아니요, 안에서 이루어진 바도 아닙니다. 펼친 바도 이룬 바도 없이 현존하는 이것이 '함이 없는 함의 세상'입니다.

**우주생성의 원인이 자성 스스로의 능력을 경계로 삼은 데에 있다고 하시지만,
대개의 과학자들은 지구탄생설에 그 기초를 두고 있습니다.**

수학이나 물리를 따로 공부하지 않더라도 진리의 세계를 아는 이는 모든 이치에 있어서 자명합니다. 물리나 과학은 무한한 진리의 세계에 있어서 지엽적인 작은 일부입니다. 성인이라면 진리의 세계를 물리나 과학으로도 올바르게 이야기하고 증명할 수 있는 능력을 갖추어야 할 것입니다.

우주를 이루는 여섯 가지 원소인 지地, 수水, 화火, 풍風, 공空, 식識은 사람들이 알고 있는 형상화된 것과는 다른 것입니다. 형상을 이루는 근본이 되는 것이 이 여섯 원소입니다. 또한 이 근본원소는 다른 것이 아니라 형상 없는 자성의 능력입니다. 이 자성의 능력에 의해 모든 것이 형상화되었으므로 이를 일러 일체유심조라 합니다.

본래 형상이 없는데 어떻게 이루어졌을까? 엊저녁 꿈의 물과 불을 생각해보십시오. 꿈 속의 물과 불이 깨어나보니 형상이 있었던 것입니까? 어젯밤 꿈 속에 먹은 밥이 실재하는 것이었습니까? 그렇다고 해서 어젯밤 꿈 속에서 물과 불의 형상이 없었습니까? 어젯밤 꿈 속에 먹은 밥에는 배가 부르지 않았습니까?

저는 과학문명에 대해 부정적입니다. 수행자가 과학의 발달을 어떻게 받아들여야 합니까?

과학 그 자체는 좋은 것입니다. 진리를 사변事邊에서 추구하는 것이기 때문입니다. 이변理邊과 사변이 다른 것 같지만 늘 한 몸이기 때문에 올바른 과학의 발달은 무궁무진할 수 있습니다. 이 입을 통해 우리가 마음의 뜻을 전달하듯 따로 있는 것이 아니어서 이변에서 있는 것은 늘 사변에서도 이루어질 수 있으며, 사변에 있는 것은 항상 이변에 본래 갖춰져 있는 것입니다.

앞으로는 이변의 측면이 사변의 측면보다 한 걸음 앞선 데에서 사변을 이끌어가는 쪽으로 과학은 발달되어야 합니다.

요즘 과학자들이 양을 복제해 내었는데, 끝내는 사람도 복제할 수 있게 됩니다. 생명이 깃들 조건을 만들어주면 불성이 거기 깃들기 때문입니다. 그러나 사람이 자성을 만든 것은 아닙니다. 마치 맑은 물을 햇빛 쬐이는 곳에 오랜 기간 놓아두면 벌레가 생기는 것과 같이 그 조건이 마련된 곳에 불성이 깃든 것뿐입니다.

진리가 꼭 과학으로 증명되어야 합니까? 진리는 증명되기 이전에 스스로 자명합니다.
깨우치면 그 뿐, 어째서 말로 옮기고 이치로 따져서 증명해야 합니까?

혼자만이 즐겁자는 공부라면 한없이 편한 것입니다. 그러나 어찌 이 좋은 경지를 혼자 누리겠습니까? 모두 함께 누리기 위해서는 무한한 희생이 기쁨과 보람이 되어야 합니다. 이것이 대승의 길입니다. 그러기 위해서는 작은 코 그물도 큰 코 그물도 필요합니다.

부처님 당시에는 과학으로서의 설명이 필요 없었지만 의심 많고 복잡다단하게 변한 현대사회에서는 세세한 설명과 증명이 필요합니다. 진리는 변함이 없지만 진리를 설하는 방법은 시대에 따라야 하는 것입니다.

이 하나의 꽃을 보는 마음도 각자가 다 다른데 어떻게 일체유심조입니까?
어떻게 내 하나의 마음이 만든 바라고 합니까? 꽃은 내가 없어져도 있는데,
모든 물상도 내가 없어져도 남아 있는데 어떻게 일체유심조입니까?

일체유심조라 하여 창 밖에 보이는 저 풀들, 산하대지를 무조건 내 마음이 만든 것이라고 할 수는 없습니다. 왜냐하면 자면서 꾸는 꿈은 온전히 자신의 마음이 빚어낸 것이나, 이 세상은 꿈의 세상과는 달리 여러 욕심으로 길들여진 무수한 불성들의 동업同業으로 이룩된 것이기 때문입니다.

다시 말해서 꿈의 세상은 나 하나의 마음이 펼쳐 놓은 환토幻土이고, 이 세상은 수많은 불성이 각기 지은 동업으로 어우러져 펼쳐 놓은 업토業土입니다. 즉, 나 이외의 모든 존재 역시 자신의 업으로 하여 그 모습으로서 존재하고 있습니다. 그렇기 때문에 일체유심조라 하나 내 마음만으로 만들어 낸 것이 아닙니다. 따라서 꿈 속에서 행한 모든 행위는 받는 이가 없어 업은 익히게 되나 과보는 받지 않고, 업토에서 행한 모든 행위는 업을 익힐 뿐 아니라 과보도 받게 됩니다.

그러나 각기 익힌 업으로 펼쳐 놓았다지만 결국 마음, 마음들이 펼쳐 놓았다는 것에 있어서는 다름이 없어 온통 마음뿐이니 역시 일체유심조입니다. 이렇게 보아야 일체유심조 도리를 바로 본 것입니다.

저는 공부를 해오면서 꿈과 현실의 세계가 똑같다고 생각했습니다.
그런데 스승님께서 꿈의 세계에서 짓는 일은 과보가 없으나, 이 세계에서 짓는 일은
동업권의 세계라서 과보가 있는 것이 다르다고 하셨는데 잘 모르겠습니다.

유명한 피아니스트가 열 손가락으로 피아노를 칠 때 생각할 여지도 없이 그 빠른 순간에 열 손가락 모두가 정확하게 판단하여 건반을 치고 있고, 게다가 피아노 악보를 보며 손가락으로 두드리는 강약까지 이미 다 저절로 조절되고 있습니다. 이렇게 오래된 습관에 의해서 저절로 이루어지는 것이 업業입니다.

그런데 같은 수준에서 피아노를 치는 이는 그 피아노를 두드리는 강약의 세계를 그대로 읽을 수가 있습니다. 똑같은 습관, 즉 같은 업을 익혔기 때문에 서로 서로 저절로 통하는 것입니다.

이와 같은 까닭으로 같은 업을 익힌 사람들끼리는 가만히 놔두어도 저절로 모이게 되어 있습니다. 여러 나라의 사람들을 한 데 섞어 놓으면 말이 통하는 같은 나라 사람들끼리 자연히 모이게 되는 것과도 같습니다. 이와 같이 같은 업을 익힌 사람끼리 모여 있는 권역을 동업同業권이라고 합니다. 욕계사천欲界四天인 사바세계 역시 동업을 익혀 이룬 동업권의 세계입니다.

삼천대천세계에 펼쳐진 업권은 동업 가운데 별업別業, 별업 가운데 동업, 동업 가운데 동업, 별업 가운데 별업, 이것이 또한 동업 가운데 얼마만큼의 별업인지, 별업 가운데 얼마만큼의 동업인지 그 차이에 의해 중중무진重重無盡의 세계로 펼쳐져 있습니다.

우리가 과학의 장비를 동원해서 볼 수 있는 그 모든 것들이 동업권, 팽창하는 우주 내의 세계이며 대별해서 팽창우주 내의 셀 수 없는 각각의 은하계가 동업권 중의 별업권인 것입니다. 만약에 동업권의 존재가 아니라면, 한 공간에서도 서로 볼 수 없고 걸리지도 않습니다.

예를 들면, 방 안에서 잠을 자며 꿈을 꿀 때 잠자는 사람이 꿈 속에서 아무리 방 안을 활보하고 다녀도 방 안에 있는 이들과 서로 전혀 볼 수도 없고 걸리지도 않습니다. 이렇게 한 몸에서도 업을 달리 하면 다른 세계를 이룹니다. 또한 죽은지 얼마 안 되어 아직 몸을 받지 않은 귀신들이 이 공간에 무수히 있다 해도 우리의 눈으로는 볼 수 없고 서로 걸리지도 않습니다. 달에 생명체가 없다 하지만 또한 우리의 눈에 보이지 않을 뿐입니다.

팽창 우주내의 4차원, 5차원 세계의 것도 육안으로는 볼 수 없고 걸리지도 않습니다. 그러나 과학장비를 통해서 볼 수 있는 것도 있습니다. UFO같은 것은 동업 중의 별업권의 것이며, 지구 몇 천 개를 걸림 없이 뚫고 나간다는 중성미자 역시 동업 중의 별업권의 것입니다. 만일 동업권의 것이 아니라면 중성미자가 동업권의 기계장비에 의해 보일리 없으며, 만약 동업 중의 별업권의 것이 아니라면 걸림 없이 지구를 뚫고 나갈 수가 없습니다.

　이 세계는 각각 업을 익혀서 각각 과보를 받고 있는 상대적인 세계이기 때문에 내가 저지른 바는 상대에 의해서 반드시 되돌려 받습니다. 그러나 꿈 속의 세계는 나 혼자 내 여래장에 심어진 것을 꺼내어 연출해 놓은 것이기 때문에 꿈 속에서 만난 사람을 죽였다고 해도 마음의 업이 더욱 깊어질지언정 과보는 받지 않습니다.

그렇다면 업에 떨어져 중생이 된 것도 자성의 능력입니까?

　그렇습니다. 그것 역시 마음으로 지은 바입니다. 그런데 자신의 마음으로 지은 바라는 것을 잊고 자성의 능력을 경계 삼아 쫓고 구하는 데에서 중생으로 떨어진 것입니다.

그럼 진화한다는 것은 무엇입니까?

　진화 그 자체가 업입니다. 낙후된 업에 의해 더 퇴보한 생명체가 되기도 하고, 상승된 업에 의해 더 고등한 생명체가 되기도 합니다. 그러나 발달한다지만 무엇이 발달하는 것인지 생각해봐야 합니다 문명의 발달에 의해 더 많은 죄를 짓는 시대에 우리는 살고 있습니다. 문명의 발달 속에 지은 그 업에 의해 지옥, 아귀, 축생으로 퇴보하게 되어 더욱 더 하급동물로 내려가기도 합니다. 그러므로 사람들이 말하는 진화는 상승의 길만이 아닌 것입니다. 또한 설혹 상승한다 해도 이는 모두 유위有爲이니, 무위無爲를 닦아야만 구경에 해탈할 수 있습니다.

스승님께서 삼라만상이 자성들의 빛이라고 하셨는데 그 빛은 어떤 빛입니까?

　어젯밤에 분명히 눈을 감고 잠을 잤는데 꿈 속에 펼쳐진 세계를 똑똑히 보지 않았습니까? 그 눈은 육안이 아니니 심안으로 본 것입니다. 그것을 자성의 빛이라고 합니다. 꿈 속에 소리가 있을 수 없는데 모든 소리를 들었으니 무엇을 들었습니까? 그것도 자성의 빛입니다. 만약 꿈 속의 소리가 실재하는 것이라면 깨어있는 이에게도 들려야 합니다. 이 세계의 소리가 실재하는 것이라면 꿈 속에서도 들려야 합니다. 또한 꿈 속의 색이 실재하는 것이라면 이 세계에서도 남아있어야 됩니다. 이 세계의 색이 실재하는 것이라면 꿈 속에서도 남아 있어야 됩니다.

　그래서 우리가 보고 듣는 빛과 소리는 동업권의 것일 뿐입니다. 그러나 업권의 빛까지도 자성의 빛이니 자성이 본래 그러한 능력을 지니고 있습니다. 오직 가없는 자체로 공부를 지어갈 때 극정에 이르르면 반드시 빛이 나타납니다. 그러나 그 빛은 밖의 빛이 아니어서 빛 자체가 자성 자체요 자성 자체가 빛인 빛입니다.

이것이 태극의 시초요 밖으로는 나타나지 않으나 보이지 않는 내면의 최초의 움직임인 것입니다. 이 선정 중의 빛으로부터 모든 것이 출발해서 나중에는 밖의 경계인 색, 소리, 향기, 맛, 촉감 등으로 벌어진 것입니다. 최후에 이루어진 것이 모양입니다. 그러므로 우주 생성의 모든 원소인 여섯 가지 능력이 바로 이 빛에 머금어져 있습니다.

그 빛을 어디서 어디로 어떻게 발하느냐에 따라 소리와 빛 등으로 나투어진 것일 뿐입니다.

진리는 하나라는 것이 무슨 뜻입니까?

최상의 도리인 진리를 밝히는 방편에는 1,700 공안과 수로 헤아릴 수 없는 방편이 있으나 구경에 이르르기 위해서는 안팎 없는 자성에 사무치는 길밖에 없습니다. 단적으로 말하자면, 불성 한 가지뿐이라는 말입니다.

불성 한 가지뿐이라는 말은 세간에서 불성이 하나라고 하는 말과는 달라서, 무수하다 해도 모두가 불성 한 가지뿐이라는 말입니다. 그런데 사람들은 이것을 불성이 한 개라거나 정해진 법이 따로 있는 양 잘못 받아들이고 있습니다.

그 말씀을 들으니 '천지 天地가 여아동근 與我同根이고 만물 萬物이 여아일체 與我一切' 라는 옛 선사님의 말씀이 생각나고 또한 '삼천대천세계가 마음이요 마음이 삼천대천세계' 라는 스승님 법문이 떠오릅니다. 자세히 풀어서 말씀해 주십시오.

'나와 더불어' 라고 했고 또한 한 뿌리가 아니라 같은 뿌리라고 했습니다. '더불 여與' 자와 '같을 동同' 자가 이미 하나라 할 수 없다는 것을 말해주고 있습니다. 즉 이 말은 하나와도 같다, 한결같이 똑같다는 말입니다. 하나라면 '같을 동' 자 뿐만 아니라 일이란 글자도 설 수 없습니다. 일은 이가 있을 때에야 비로소 설 수 있는 것입니다.

그러므로 '천지가 여아동근이다' 즉, 하늘과 땅이 나와 더불어 같은 뿌리라는 것은 모든 것이 한결같이 가없는 자체에서 비롯되었다는 말이며, '만물이 여아일체이다' 즉, 만물이 나와 더불어 한 몸이라는 말에서의 일체란 하나의 몸을 말하는 것이 아니라 모든 불성이 가없는 자체로 서로 상즉相卽한 온통인 몸을 말하는 것입니다.

공부를 많이 한사람이 외도에도 깊이 떨어지는 것입니다. 인가를 받지 못한 선지식들이 모두 체성을 보지 못한 이는 아닙니다. 가없는 자체에 사무치고 보니 도저히 둘일 수가 없으므로 불성이 하나라고 한 것입니다. 그러나 이것은 바른 깨달음이 아닙니다. 그래서 인가를 받지 않으면 외도라 하는 것입니다. 체성에 사무쳤다해도 스승의 지도를 받아 일체종지를 이루지 못하면 이런 큰 허물을 짓게 됩니다.

만약 불성이 하나라고 하는 이가 있으면 "아픈 것을 느끼는 것이 몸뚱이냐 자성이냐" 라고 물어야 합니다. 그러면 당연히 누구나 자성이라고 답할 것입니다. 만약 몸뚱이가 아픔을 느끼는 것이라면 시체도 아픔을 느껴야 하기 때문입니다.

이렇게 볼 때에 자성이 하나라면 누군가 아플 때 동시에 모두 아픔을 느껴야 할 것입니다. 또한 한사람이 생각을 일으킬 때 이를 모두 알아야 합니다. 타심통도 인가도 있을 수 없습니다. 불성이 하나라면 마음도 하나여서 다른 마음이 있을 수 없기 때문입니다. 또한 불성이 하나라면 한 자성이므로 한번 깨달으면 그만이지 재차 깨달음이 있을 수 없습니다. 그렇다면 석가모니 부처님이 이미 깨달아 마쳤으므로 견성법도 있을 수가 없습니다. 견성법이 있을 수 없으면 인가법도 있을 수 없으니 누가 누구에게 인가를 하겠습니까?

안밖이 없는데 내 불성, 네 불성을 가려낼 수 있습니까?

(천장의 연등불을 가리키며) 지금 이 자리에 수없는 연등불이 켜져 있지만 방안에서 그 불빛들을 가려낼 수는 없습니다. 그러나 또한 한 등 끄면 끈만큼, 켜면 컨만큼 어두워지고 밝아집니다. 이것이 각각의 등

불의 빛을 가려낼 수는 없으나 제 구실은 제각기 하고 있다는 증거입니다. 이 방의 여러분들도 이와 같이 각각 심외무물心外無物의 경지에 사무쳐 변만遍滿하여 있으나 서로간에 걸리고 장애됨이 없는 가운데 상즉相卽해 있습니다.

우리의 불성은 등불과도 다릅니다. 등은 매달린 자리라도 따로 있지만 체성은 있는 자리도 따로 없이, 각각 제 구실을 제 각기 하되 서로 걸림 없이 자유자재합니다. 이것을 일러 불가사의한 묘유妙有의 세계라 하는 것입니다.

나의 자성이 이렇게 변만법계遍滿法界하다면 모든 자성이 이러할 것입니다.
그렇다면 무수한 자성이 서로 상즉되어 있는다는데 어떻게 상즉되어 있는 것입니까?
서로 겹쳐있는 것입니까?

상즉의 도리를 잘 모르기 때문에 불성은 하나라고들 이야기하는데 그것이 성철 스님이 하동산 스님에게 인가 받지 못한 까닭입니다.

아무리 그 자리에 사무쳤다 해도 상즉의 도리를 바로 알지 못해 불성이 하나라고 한다면 공견에 빠져 있는 것입니다. 한 방 안의 무수한 등불빛이 가를래야 가를 수 없이 하나인양 되어 있으나, 하나 켜면 컨 만큼 끄면 끈 만큼 어두워지고 밝아지는 것은 각각의 등불이 각자 제 구실을 하고 있다는 것입니다. 이렇듯 뭇 불성도 각각 변만법계한 가운데 나뉠 수 없고, 나뉠 수 없으나 제 역할을 제가 하니 이것이 개유불성, 제 불성은 제가 지녔다는 도리입니다.

그러면 '둘이 아닌 경지' 라는 게 그것을 말하는 것입니까?

그 말도 본래 방망이 감이나 어쩔 수 없이 설한 것입니다. 꿈 속에서 꿈이 꿈인 줄 아는 이에게는 꿈의 몸과 마음이 둘이 아닐 뿐 아니라 꿈의 삼라만상과 자신이 둘이 아닐 것입니다. 마치 이렇듯 마음 이외의 한 물건도 없는 경지에 사무치면 몸과 마음, 삼라만상과 자신이 나눠지 않습니다.

또한 반야심경에 '오온개공五蘊皆空 도일체고액度一切苦厄' 이란 구절에서 보듯 심외무물心外無物의 이 경지가 일상화될 때 일상 그대로와 열반이 나눠지 않습니다. 이것을 둘이 아니라 합니다. 모든 것이 전지전능한 자성의 지혜광명의 덕화德華이건만 그 업권에 따라 달리 볼 뿐입니다.

가없는 실체로 보십시오. 이것이 둘이 아닌 경지를 일상화시킬 수 있는 첩경입니다. 보고 듣고 말하는 움직이는 모든 것이 그 자리에서 비롯된 것이요 그대로 가없는 실체의 함이입니다.

그렇지만 그 중에서도 보는 것이야말로 여러 단계의 과정 없이 가없는 자체로 그대로 비추기에 가장 좋기 때문에 일상에서 가없는 실체로 보아 길들여 가는 것이 가장 빠르고 쉬운 길입니다.

진리와 과학의 만남

　오늘 저녁에 하는 이 법문은 특별한 법문입니다. 자성自性에 사무친 이가 아니면 이건 참 어렵기도 어려운 법문입니다. 그러나 앞으로 다가올 환원還元의 시대를 여러분이 준비해야 한다는 마음에 부득불 일반대중 앞에서 어려운 법문을 하겠습니다.

　앞으로의 시대는 과학문명의 발달은 말할 것도 없고 인간의 지식수준이 거의 평준화되어 조금이라도 미신적인 요소가 개재된 종교는 발을 붙일 수 없게 됩니다. 그래서 오늘 저녁에 하는 이 법문의 제목을 '진리와 과학의 만남'이라고 정했습니다.

**　우리가 이 땅에 살면서 '무엇을 보았는가!'라는 물음에서부터 시작하겠습니다.**

　불생불멸하는 자기를 알기 전에는, 가없어 밖이 없고 안이 없는 우주의 실상을 알기 전에는 단한가지도 바로 보지 못한 것이라고 이 사람은 온 인류를 향해서 당당하게 말할 수가 있습니다.

　비유하여 말하자면 꿈속에서 꿈인 줄 모르는 사람에게는 꿈속의 세계가 절대 현실이지만, 꿈을 깨고 돌이켜보면 아무 것도 실재하는 것이 없었던 것과도 같기에 단 한 가지도 제대로 본 것이 없다고 한 것입니다.

　그러므로 우주의 실체를 바로 알려면 세계적인 과학자들이 과학적으로 증명하고 예측해서 말하고 있는 우주 그 밖의 우주 전체를 알아야 합니다. 물리학은 '팽창우주론'이라는 이론으로 우주를 설명하고 있습니다. 그러나 이 역시 일부분만을 보고 있는 것입니다.

예를 들어, 고무풍선을 하나 상상해보십시오. 고무풍선에 바람을 넣으면 팽창할 밖이 있기 때문에 팽창하지요. 그러면 우리가 수리적으로만 증명을 해도 팽창하는 우주가 있다면 그 보다 10배의 더 큰 우주가 밖에 있다는 것을 이미 가정해 놓아야 합니다.

우리가 살고 있는 이 곳, 팽창하는 우주라고 부르는 곳은 사실 하나의 업권에 불과합니다. 이 세계는 부처님께서 말씀하시고 있는 1소천으로서 이런 세계가 3,000개 모인 것이 1중천입니다. 1중천이 3,000개 모인 것이 1대천, 1대천이 3,000개 모인 것이 삼천대천세계입니다.

그래서 '세계가 얼마나 많습니까?' 하고 제자들이 물으니까 부처님께서 비유를 들어 말씀하시기를 '히말라야 산을 손바닥에 넣고 가루를 만든다고 가정을 하자. 그래서 그것을 태풍 앞에 확 날리면 그 먼지 수가 얼마나 되겠느냐?' 라고 하셨습니다. 그 먼지 수효로도 삼천대천세계를 다 말할 수 없다는 것입니다.

그러므로 '무엇을 보았는가?' 하는 질문에 답하려면 삼천대천세계, 즉 우주 밖의 우주 전체를 알아야 할 것이며 이에 앞서 그것을 밝히려는 자신의 실체를 바로 깨달아야 합니다. 그렇지 않고는 꿈속의 사람이 꿈속의 자신과 꿈속의 세계를 현실로 착각하고 있는 것과 같습니다.

여러분에게 묻겠습니다.

우주에 밖이 있습니까? 한 번 생각해 보십시오. 우리가 사는 이 우주 밖을.

우주의 밖이 있으면 또 그 밖이 있을 것이고 그 밖이 있으면 또 그 밖이 있을 것이고, 그 밖의 밖, 그 밖의 밖….

밖이 있을 수가 없습니다. 그럼 안은 있을 수 있을까요? 밖이 없는 안이 어떻게 있을 수 있습니까?

자, 그러면 안도 밖도 없는데 무엇이 존립할 수 있습니까?

그런데 우리는 이렇게 마주 앉아서 대화하고 있습니다. 이것은 있는 것입니까, 없는 것입니까? 있다 해야 옳겠습니까, 없다 해야 옳겠습니까?

여기에 한번 사무쳐 보시기 바랍니다.

19세기 최고의 수리학자 민코프스키는 우리가 살고 있는 세계에도 공간에 시간이 배합되는 시대가 올 것이라는 것을 수학적으로 증명했습니다. 즉 시간이 없는 시대를 말한 것입니다. 시공이 존재하는 세계에 사는 사람으로서는 상상할 수도 없는 일입니다.

이 질량도 에너지도 사라진 찰나의 모습이 상주불멸의 참모습이며, 물리학자들이 말한 무無의 실체인 것입니다.

형색이 없는 상주불멸의 그 실체가 여러 인연과 조건에 따라 질량으로도 나투고 에너지로도 모습을 나투는 것입니다.

그러므로 모든 것이 상주불멸의 형색 없는 실체로부터 비롯되어 나투어진 것입니다.

시간이 없는 세계란, 밥을 먹어야하겠다는 생각과 동시에 밥을 먹어 마치는 것에 끝나지 않고 먹은 밥이 소화가 되어서 모든 영양소가 각각 제 위치에서 제 역할까지 이미 하고 있는 세계를 말한 것입니다. 한번 상상해 보십시오.

그러나 우리가 살고 있는 세계에 공간에 시간이 배합되는 시대가 온다고 한 민코프스키의 주장 또한 바로 보았다고 말할 수 없습니다. 왜냐하면 대우주는 안밖이 없고 안밖이 없다면 애시당초 시간이 있을 수 없기 때문입니다. 안밖이 없는데 무슨 시간이 존립합니까? 안도 밖도 없는 거기에 무슨 공간이 있을 수 있겠습니까? 시공이 없는데 그 무엇이 존립하겠습니까?

그렇다면 다시 한 번 묻겠습니다. 지금 마주 앉아 대화하고 있는 우리는 있는 것입니까, 없는 것입니까? 있다고 해야 옳겠습니까, 없다고 해야 옳겠습니까?

이것을 바로 알려면 오늘의 물리학계에서 우주의 시원이라고 말하는 무無, 그 무無의 실체를 바로 알아야만 합니다. 무無는 우주의 어머니이고 모든 원소의 근원이며 동정動靜의 근본입니다.

또한 무(無)는 전체이며 함이 없는 함의 근본이나 어느 일면만을 보고 한 끝을 만들기 때문에 어둠의 베일 속에 가려진 듯 바로 알지 못하는 것입니다. 여기서 말한 무無는 상주불멸常住不滅하는 근원으로서 꿈의 세계를 연출해 내는 잠재의식의 근본 실체입니다.

물리학에서는 질량, 에너지 불변의 법칙으로 상주불멸을 이야기하고 있습니다. 즉 질량이 에너지화 되고, 에너지가 질량으로 회귀되므로 아주 없어지는 것이 아니기 때문에 '상주불멸'이라고 정의한 것입니다.

그러나 이것은 상주불멸의 실체를 잘못 본 것입니다.

가령 쿼크만한 질량을 에너지화 할 때의 순간을, 백억분의 1초라는 미분된 시간에서 본다면, 에너지에도 질량에도 속하지 않는 찰나가 반드시 있게 됩니다. 질량이 에너지화 되는 순간에는 반드시 에너지도 아니고 질량도 아닌 과정을 거쳐야 하기 때문입니다. 에너지가 다시 질량으로 회귀될 때도 마찬가지입니다. 만약 그 찰나가 없다면 질량은 영원히 질량으로만 존재하고, 에너지는 영원히 에너지로 존재할 수밖에 없습니다.

바로 이 질량도 에너지도 사라진 찰나의 모습이 상주불멸의 참모습이며, 물리학자들이 말한 무無의 실체인 것입니다. 형색이 없는 상주불멸의 그 실체가 여러 인연과 조건에 따라 질량으로도 나투고 에너지로도 모습을 나투는 것입니다. 그러므로 모든 것이 상주불멸의 형색 없는 실체로부터 비롯되어 나투어진 것입니다.

그리고 상주불멸의 형색 없는 이 실체야말로 유정, 무정 모두가 본래 지니고 있는 참 모습, 근원 성품인 것입니다. 그렇다면 형색 없는 실체인 근원성품으로부터 어떻게 이 모든 형색을 나투었을까요? 꿈도 꿈꿀 수 있는 능력이 있어야 꿀 수 있듯 천지창조로부터 오늘날의 중생세계에 이르기까지 삼천대천세계 전부가, 성품의 전능한 능력으로 인한 것입니다.

자기 자신의 전지전능한 지혜덕상의 움직임으로 빛을 발하고 발한 빛을 즐기다가 그 빛을 쫓고 탐하게 되어 경계에 빠져버린 것입니다. 다시 그 경계와 한 몸이 되어 한 몸이 되어버린 나에 집착하게 되고 나에 집착하여 익힌 습관으로 업을 쌓습니다. 결국 가지가지로 쌓은 그 업에 따라 또 다른 여러 현상의 모습으로 나타나고 여러 모습으로 또 다른 업을 익히고 쌓고…. 이렇게 해서 헤아릴 수 없는 생명체와 현상들이 있게 된 것입니다.

불교에서 말하는 지수화풍공식 이 육대는 우리가 흔히 말하는 흙, 물, 불, 바람, 공空과 식識이 아니라 우주의 모든 것들을 나툴 수 있었던 근원 성품 자체가 지니고 있는 전능한 능력의 여러 측면들입니다. 자성이 지니고 있는 전능한 능력이 어떠한 인연을 만났을 때에 때로는 흙기운으로, 물기운으로, 불기운으로, 바람기운으로, 공空기운으로, 식識기운으로 나타난 것입니다.

허나 자성의 본원 자리에서 보면 꿈속의 물, 불, 바람, 흙, 공空, 식識과 같이 오직 마음 이외에 다른 물건은 있을 수가 없는 것입니다. 이 이치를 바로 알 때 우주의 생성 원리를 속속들이 앉은 자리에서 들여다 볼 수 있는 것입니다.

그렇다면 지금 우리가 마주 앉아 대화하고 있는 이 현실은 어떻게 보아야 하겠습니까?

상주불멸의 형색 없는 실체가 지닌 본유한 능력의 나툼인 여기에는 안도 밖도 시간도 공간도 모양도 색깔도 존재할 수 없어서 생각, 행동, 분별이라는 것도 따로 있을 수가 없고 또한 주체와 객체가 나뉘어질 수도 없는 것입니다. 그러나 우리는 지금 분명히 마주 앉아 대화하고 있습니다.

또한 지금 분명히 마주 앉아 대화하고 있지만 안도, 밖도, 앞도, 뒤도, 가운데라 할 것도 없어서 침 끝 하나 설 자리가 없습니다.

이는 마치 한 방에 수만 등의 불빛이 자리를 따로 하지 아니하고 한 곳에 어우러져 있으면서 각각 제구실을 다해서, 하나를 끄면 하나를 끈만큼 어두워지고, 하나를 켜면 하나를 켠만큼 밝아지는 것과 같습니다. 마침 오늘 저녁에 등불이 많이 켜져 있습니다. 많은 등불빛이 이 방 안을 밝히고 있는데, ABC나 가나다라 순으로 이 불빛에 번호를 매겨 놓고 번호를 매긴 불빛을 이 속에서 찾으려고 해보십시오. 찾을 수 있습니까? 그냥 하나처럼 어우러져서 있으면서도 제 구실을 제각각 하고 있을 뿐입니다.

등불은 등이 차지한 자리라도 있다지만 참 성품은 침 설 곳도 없는 자체로 만상을 나투니 더욱 묘유妙有하다 할 것입니다.

마치 꿈이 꿈임을 바로 알면 꿈 속의 삼라만상, 꿈 속의 생각과 행동 모두가 더 이상 꿈도 상도 아니어서 마음의 전능한 능력일 뿐이듯 무無라고 불리우는 근원실체인 참나를 깨달아 우주의 실상을 바로 보면 이렇게 불가사의한 영원한 현실이라 나툼이 없는 나툼, 함이 없는 함이 있을 뿐이라는 것을 알게 될 것입니다.

이렇게 확연히 깨달은 바탕에서 업을 깨끗이 다 닦아 본래의 전능한 능력을 회복하여 우주의 실상을 누리게 되면 환의 세계라는 것들 자체가 전능한 능력에 의한 화장세계, 낙원의 동산이 되는 것입니다. 그렇기 때문에 부처님께서 '불리일보즉차토즉극락' 이라고 하셨습니다. 즉, 한 걸음 옮기지 않는 이 땅 이대로가 극락이라는 말입니다.

우리 민족의 경전인 천부경에서도 '하나에서 비롯하나 하나에는 비롯함마저도 없다―始無始―'하였고, '하나에는 마쳤다 하나 마친 것도 없다―終無終―' 하였으며, 또 하나의 경전인 교화경에서는 '자성을 통달하여 공덕을 완성하면 바로 이것이니라' 하고 있습니다.

부처님께서 이 세상에 나오시기 수 만년 전에 우리 단군 할아버지의 시조인 환인께서 바로 이렇게 갈파해 놓았습니다. 그러므로 우리 민족은 정말로 알고 보면 긍지를 가질만한 민족입니다. 이러한 시조를 가진 민족은 세계에서 유일하게 우리 민족뿐입니다.

여러분, 마음 이외에 다른 물건이 존립할 수 없는 유아독존인 참나 즉 근원에서 보면 모든 것이 유리처럼 들이비쳐 무등산도 걸리지 않고 백두산도 걸리지 않을 것이니 한 걸음 내디딜 수 없고 한 걸음 들일 수 없는 자리에서 보십시오. 그렇게 보면 전체가 유리세계요, 극락세계일 것입니다.

이것이 본연한 그 뚜렷한 밝은 세계이며, 이것을 또한 이름해서 화장세계라고 하는 것입니다. 바로 이 도리를 가르쳐 주기 위해서 부처님께서 6년 고행을 하시고 보리수 아래서 새벽별을 보고 깨달아 삼계의 도사가 되었던 것입니다. 이렇게 걸림이 없는 세계가 지금의 눈앞이요, 눈앞의 세계가 바로 유리세계입니다.

본연한 실체는 이상과 같이 어떤 능력도 갖추지 않은 것이 없습니다. 다만 그 능력을 발휘하다가 어느 한 순간에 착각에 떨어져버린 자에게 신비가 되어버렸을 뿐인 것입니다. 이러한 점에서 나는 21세기에는 모든 종교인들의 사이에 벽이 무너져야 하고 또한 반드시 무너지리라고 봅니다.

진리란 궁극적 깨달음이며 영원불변의 동일성이기 때문입니다.

감사합니다. 🔳

대원 문재현 선사님과 함께하는 정맥선원의 나날

전국 정맥선원을 순회하시는 선사님의 법문으로 지혜를 밝히며 깨달음의 지도를 받아 참선과 조용동시의 일상화로 선정을 익힙니다. 또한 언제나 끊임없는 불사와 운력으로 대중생활이 이루어집니다. 그리고 그 현장에는 항상 대원 선사님이 계십니다.

▼2005년 4월 성불사 국제정맥선원 대웅전 기공식

정맥선원의 모든 사찰은 대원 문재현 선사님께서 지세와 물길을 보아 터를 잡고, 가람의 배치를 구상하여 설계하셨으며, 토목공사와 기초공사로부터 목재 가공 등 사찰 준공에 이르기까지의 모든 과정을 직접 지휘하셨습니다.

산을 깎고 골짜기를 메워 지형을 바꾸는 대역사 끝에 무에서 유를 창조하듯 오늘의 성불사 국제정맥선원의 도량이 이루어졌고, 이후 전국 사찰에 불사가 불붙듯 이루어졌습니다.

2005년 4월 포천 성불사 국제정맥선원의 대웅전을 건립하기 시작하여, 이후 동당과 서당이 건립되었고, 석가모니 부처님으로부터 78대 모든 조사들의 진영과 전법게가 모셔져 있는 정맥진영전, 장경각, 최초의 선원 사업인 황토샘전통식품 건물이 완공되었습니다. 2011년에 이문절 대웅전 및 요사채가 완공되었고 2012년 3월 이문절 지장보살단 불사가 이루어졌습니다. 1995년 10월 광주 성도사가 1차 건립되었고, 2010년 12월에 2차로 재건립되었습니다. 해남 대통사는 2011년 해수관음상을 조성하는 것을 필두로 해서 대웅전 불사를 진행하고 있습니다. 자모사 부산정맥선원이 2015년 청도의 만오천 평 부지에 육조사 대웅전을 건립하고, 동당 서당 건립불사를 계속 진행하고 있습니다.

특히 선사님께서는 목재 가공과 목수일에 소요되는 시간과 비용을 줄이기 위해 서까래 깎는 기계, 소로를 깎는 기계와 문틀을 조립하는 기계, 문살을 결합하는 기계 그리고 원목 제재와 대패질을 동시에 해주는 자동 제재기, 또 고소 작업용 사다리차 등을 개발하여 만드셨습니다. 또한 황토샘 전통식품의 질 좋은 제품을 빠르게 생산하기 위해 황토샘 청국장환을 만드는 기계인 제환기와 콩을 삶는 증숙기를 만드셨습니다.

이로 해서 전국의 크고 작은 규모의 모든 불사들이 단시간에 이루어졌으니, 실로 대원 문재현 선사님의 이변은 물론 사변에 있어서 통달한 지혜와, 불사에 대한 뜨거운 열정이 아니고서는 이룰 수 없는 일이라 하겠습니다.

▼성불사 대웅전 상량문을 쓰시는 대원 선사님

대웅전 상량문

알겠는가 상량의 한 소리를
혹시라도 그렇지 못하면 다시 듣게
금사내는 구름 타고 거문고를 팅기고
옥녀는 꽃밭에서 노래와 춤이로세

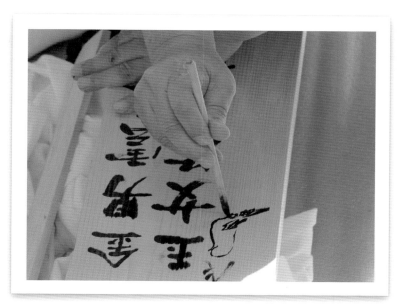

寂滅寶宮

대원 선사님의 법문

법문 法門

▼법문 중 죽비를 들어 보이시는 대원 선사님

▼대원 선사님의 참선지도

참선 參禪

대원 선사님 소참법문과 문답

문답 問答

소참 小參

정법의 원류

대원 선사님 작사

가슴으로 부르는 불심의 노래

여기에 실린 가사는 모두 대원 문재현 선사님께서 직접
작사하신 것입니다. 수행의 길로 들어서게끔 신심, 발심
을 북돋아주는 가사로부터 수행의 길로 접어든 이의 구
도의 몸부림이 담겨있는 가사, 대승의 원력을 발해서 교
화하는 보살의 자비심과 함께 낙원세계를 누리는 풍류를
그려놓은 가사까지 한마디, 한마디가 생생하여 그 뜻이
뼛속 깊이 새겨지고 그 멋에 흠뻑 취하게 됩니다. 대원
문재현 선사님께서는 거칠고 말초적인 요즘의 노래를 듣
고 이러한 정서를 순화시키고자, 또한 수행의 마음을 진
작시키고자 하는 뜻에서 이 가사들을 쓰셨습니다.

작곡된 가사

미작곡 가사

서 원 가

작사 문재현
작곡 배신영
노래 홍노경

느리게

참 나 를 깨 달 아 서 보 림 을 하 고 다 가 올 내 앞 날 의
보 살 의 가 는 길 이 험 난 타 해 도 맹 세 코 초 지 일 관
중 생 이 끝 이 없 다 말 들 을 해 도 보 현 의 만 행 다 해

서 원 이 라 네 기 어 코 육 바 라 밀 성 취 를 하 여 -
서 원 이 라 네 구 류 를 그 릇 따 라 깨 닫 게 하 여 -
제 도 를 하 여 유 정 과 무 정 모 두 다 한 그 날 이 -

불 보 살 님 큰 은 - 혜 - 에 보 - 답 하 - 면 서
스 승 님 의 큰 은 - 혜 - 에 보 - 답 하 - 면 서
삼 보 님 의 큰 은 - 혜 - 를 갚 - 는 날 - 이 니

영 원 히 구 제 의 길 나 는 - 가 리 - 라
영 원 히 구 제 의 길 나 는 - 가 리 - 라
영 원 히 구 제 의 길 나 는 - 가 리 - 라

Fine

반조 염불가

작사 문재현
작곡 배신영
노래 홍노경

느리게

님께—서 베 푸신 자비의 은혜 오늘
본래에 드 러난 나인걸 몰라 낙원

도 감사 한맘—어—찌—는 잊 으리—
을 고 해 로서—사—는— 삶 이 니

가르침 따름만— 이 살 길이란 다짐으로 간
가르침 따름만— 이 살 길이란 다짐으로 반

절 히 시 시 때 때 회광반조 아—미 타 불— 백—
조 의 아 미 타 불 나도잊은 삼—매 의 앎— 깨—

팔 염주일상화 로 기 어 이— 크게깨 쳐 크 나
달 기에좋은때 니 기 어 이— 원을이뤄 금 생

큰— 님—의은 혜 갚 으 리 라 아 미타— 불—
에— 구 제 중 생 불은갚 길 아 미타— 불—

Fine

소중한 삶

작사 문재현
작곡 배신영
노래 홍노경

석가모니불

작사 문재현
작곡 배신영
노래 홍노경

국악가요

거룩한 - 석가모니불 - 하늘땅에 - 유일한 - 님 - 이기에 우러
거룩한 - 석가모니불 - 하늘땅에 - 유일한 - 님 - 이기에 우러

러 간절 하게 - 기도하 - 면 내 소원이루어 지지요 - 탐 - 욕
러 가르침을 - 따른다 - 면 언제나행복하 지요 - 선 법

을 - 보시로 다스려서 행 - 하고 진 - 심 - 을 - 인
을 - 깨달아 생활화를 함으로써 이 - 세 - 상 - 이

욕으로 - 실천하면우 리 바 - 라 는 그 세 - 상 - 활 짝 - 열리네 - 불 - 법의
대로를 - 낙원으로님 - 이 바 - 라 신 그 소 - 원 - 꽃을 - 피우리 - 불 - 법의

진 리깨달으면 - 함 없 - 는 - 함 - 으로 - 님의은혜갚으 -
진 리깨달으면 - 함 없 - 는 - 함 - 으로 - 님의은혜갚으 -

리 석가 모 니 불 - 우 리 - 부처 - 님 -
리 석가 모 니 불 - 우 리 - 부처 - 님 -

Fine

맹서의 노래

작사 문재현
작곡 배신영
노래 홍노경

느리게

염원의 노래

작사 문재현
작곡 배신영
노래 홍노경

음성공양

작사 문재현
작곡 배신영
노래 홍노경

느리게

발 심 가

작사 문재현
작곡 배신영
노래 홍노경

보사노바

우 - 리 네 한 세 상 - 보 람 찬 삶 - 으 로 -
참 - 나 를 깨 달 아 - 보 림 을 하 - 고 요 .
본 - 연 - 한 몸 의 - 능 력 을 베 - 풀 어 -
눈 - 깜 박 하 는 새 - 한 세 상 다 - 가 고 -

바 꾸 기 위 - 하 여 - 닦 아 들 봅 - 시 다 -
자 비 심 발 - 하 여 - 구 제 길 나 - 서 서 -
극 - 락 세 - 계 - 장 엄 을 하 - 구 요 -
부 귀 와 공 - 명 은 - 잠 시 의 꿈 - 이 라 -

청 춘 - 홍 안 이 - 얼 마 나 길 - 던 가 -
중 생 들 세 계 에 - 고 통 을 없 - 애 어 -
둥 실 - 두 둥 실 - 누 리 기 위 - 하 여 -
이 러 한 되 풀 이 - 금 생 에 끝 - 내 어 -

꿈 꾸 는 사 - 이 에 - 백 발 이 된 - 다 네 -
극 락 이 되 - 도 록 - 최 선 을 다 - 하 세 -
오 늘 의 어 - 려 움 - 극 복 을 해 - 내 세 -
윤 회 의 사 슬 에 서 - 벗 어 나 납 - 시 다 -

1-2절 D.C

3-4절

자비의 품

작사 문재현
작곡 배신영
노래 홍노경

느리게

자 대비보살 의 사랑 알지못 하고-
자 대비보살 의 사랑 자비의 품을-

외 면한 저중생 들을- 그 래도가- 없어-
떠 나간 저중생 들을- 저 리도애- 타게-

잊 지못 하 는 그 진한- 마 음 모 른
부 르고부 르 는 절 절한- 마 음 새 기

체 하고- 업 따라 갈 수가있- 나- 아- 아 하늘땅
고 새기면- 업 따라 갈 수가있- 나- 아- 아 하늘땅

사 이- 다 시 또 없는 자 비의 품에- 어 서돌아 와
사 이- 다 시 또 없는 자 비의 품에- 어 서돌아 와

감 로 수 에 소 원 이루- 라- Fine
감 로 수 에 소 원 이루- 라-

부처님 은혜 1

작사 문재현
작곡 배신영
노래 홍노경

느리게

노을이 질고 새둥지 찾을땐 부처님의 절절한 말씀 생각이 나고

눈에이슬 맺힌채 참회 기도 명상으로써 억 겁업을

재우노라면 구름그늘 서늘한바람 불어옴을 맞음 이랄까

상쾌하고 확트인 가슴 희망의 미 소

입가에 번 지 고 콧노래가절로 흘러나 온다 고맙

습 니다 참 고맙습니 다 더없이큰부처님은 혜

구류중 생을 구제함으로써 갚는것이서원 입니 다 서원

향 해 뛸 것 입니 다 서원향해 다할것입니 다

Fine

보살의 마음

작사 문재현
작곡 배신영
노래 홍노경

느리게

파-도에 실려떠가 는 낙엽같이 살아가는 인생-
구원코자-따라주 며 같이 하는 자-비인데-

제 안경 에 보인대 로 말 들- 하 지 - 만 -
눈이멀 고 귀가먹은 저 들- 이 지 - 만 -

못들은척-모르는 척 최 - 선 - 다하- 리
황소처럼-지장처 럼 최 - 선 - 다하- 리

바-른 눈 바-른맘 통쾌-히 열어라-
지-혜눈 지-혜맘 통쾌-히 열어라-

아- 아 아-아 그-날-이
아- 아 아-아 그-날-이

그- 날 이 오기만을 기다 리 는 마- 음-
그- 날 이 오기만을 기다 리 는 마- 음-

이 생에 해야 할일

작사 문재현
작곡 배신영
노래 홍노경

세상사람 날찾는일 등한하지 — 만 생각들
번갯불이 스쳐가듯 가는한세 — 상 맘닦아

해보구려 그러할일이던 가 번갯불 — 스쳐가듯 —
긴미래를 내마음내뜻대 로 대천세계 여저기서 —

아 — 아 무상한한세 — 상
아 — 아 풍류를누리 — 며

— 맘닦 — 아 내낙원을 —
끝없 — 는 구제의길 —

내이뤄 누리는일 아 — 아 우리모 —
자비로 실천할일 아 — 아 우리모 —

두 해야할일 이일뿐일 세 해야 할일 이일뿐일
두 해야할일 이일뿐일 세 해야 할 일 이일뿐일

세 —
세 —

DS. all play

구도의 목표

작사 문재현
작곡 배신영
노래 홍노경

느리게

A

B
눈 뜨면 관음 우러 러 보문을 따르며— 하
루 하 루 를 최 선— 다 하 는 일 에
언 제 나 떳떳한 불 자 로 서원코 큰은혜 갚는 보 살— 행—
대자대 비 를— 베— 풀어 어 느 때 어 느 곳 그 무 엇— 가리지 않는
이—로— 제— 일 의— 사 표 가 될 것을 목 표 로 삼 을
겁 니 다 아 아 사 바 의 세 계 가
다 하 는— 그 날 까 지
D.S.

Fine

님은 아시리

작사 문재현
작곡 배신영
노래 홍노경

사계 절 의- 풍광 인 들- 위 로- 되 겠-니
같이- 되지 않아- 기도- 에-젖-은

-서사 시의- 음률 인 들- 쉬-어지-겠-니- 뜻과
이

마음- 님-은- 아 시 리- 한 세 상 열
청 춘의 모

정 쏟-아 닦는 수행 길- 불보살님 출현 하셔 베
든 욕-망 사뤄버 리고- 회광반조 촌 각 아 낀 열

푼 자-비-에- 모든 망상- 모- 든 번-
정 쏟-아 서- 이룬 선정- 그 효 력-

뇌 없었으 면 좋으련 만 마음대로- 안 되 는게- 수행 이 더
이 있었으 면 좋으련 만 마음대로- 안 되 는게- 보림 이 더

라 수행이 더라- 마음대로- 안 되는게- 수행이 더 라 수행이 더라-
라 보림이 더라-

부처님 은혜 2

작사 문재현
작곡 배신영
노래 홍노경

느리게

A 낙엽이 지고 국향이 짙을 땐 - 부처님의 고고한 - 말씀 법계화되고

대승보살 나투어 - 그릇 따라 - 베푼 법문에 만난 사람 -

모두가 깨쳐 두타보림 - 수행을 하여 있는 그곳 - 극락 이어서 -

걸음걸음 상쾌한 가슴 - 입가에 미 - 소

언제나 번 - 지 - 는 대자유 삶 누릴지어 - 다 - 고맙

습니다 - 참 - 고맙습니다 촌각인들 부처님 은 혜

그 어찌 한들 - 잊을 날 있으리 불은 갚는 그날 - 까지 는 서원

향해 뛸 - 것 - 입니다 - 서원 향해 다 할 것입니 - 다 -

Fine

성중성인 오셨네

(초파일노래)

작사 문재현
작곡 배신영
노래 홍노경

음력 사월 초 - 파일은 - 온 누리의 제 - 일이신 - 성중
음력 사월 초 - 파일은 - 온 누리의 제 - 일이신 - 성중

성인 - 부 - 처님이 - 이 땅 위에 오 - 신 날 - 괴로
성인 - 부 - 처님이 - 이 땅 위에 오 - 신 날 - 너를

움을 낙원으 - 로 - 어두 움을 - 광명 으 - 로 바꾸
알 란 그 가르 - 침 - 펼 치 려고 - 오심 이 - 니 자아

려 - 는 숙 - 원 - 을 시작하 신 날 - 너나 없 이 모두
완 - 성이 룩 - 해 우리 이 땅 - 이 대로 를 낙원

함께 - 경 축 하 세 모두 함께 경축하 - 세 - 모두
으로 - 누려 보 세 낙원 으로 누려 보 - 세 -

함 께 경 축 하 - 세 -

내 문제는 내가 풀자

작사 문재현
작곡 배신영
노래 홍노경

즐거운 밤

작사 문재현
작곡 배신영
노래 홍노경

관 음 가

작사 문재현
작곡 배신영
노래 홍노경

조금빠르게 ♩ = 130

꽃 을 보 아 도 먼 산 을 보 아 도 그 리 움 그 리 움 이 - 더 - 해 -

진 - 관 - 세 - 음 관 - 세 - 음 은 -

포 - 근 한 아 - 아 - 품 이 랍 니 - 다 -

기 쁠 때 에 도 어 - 려 울 때 에 도 자 애

로 다 가 오 셔 - 서 힘 - 이 되 -

신 관 - 세 음 관 세 음 은 - 포 근 한 - 품 - 이 랍 니

- 다 - Fine

부 처 님

작사 문재현
작곡 배신영
노래 채연희

이 슬방울 의 아 침햇빛 보다 —

영 롱한 님이 시 고 — 금 구슬에 — 반 짝 이 는 —

빛 보 다 아 름 다운 님이 시 며 —

보 석 의 찬란한 빛 보 다 눈 부 신 님 이 시 기 에 생 각

만 하여도 설레이 고 이 름 만 들어도 행 복 한 님

영 원 한 우 리들의 님 이 십 — 니 — 다

열반재일

작사 문재현
작곡 배신영
노래 채연회

1절:
인연다함 아시기에 구제방편 거두시어
열반드신 그 자재는 그 누구가 흉내인들
내오리까 오고감을 뜻대로 한
거룩함에 정례합니다 정
례합니다

2절:
대자대비 거룩하신 가르치심 이세상에
길이길이 펼쳐져서 그 언젠가 이고해가
낙원으로 되는날을 믿는마음
우러러서 정례합니다 정
례합니다

성도재일

작사 문재현
작곡 배신영
노래 채연희

찬양합니다 찬양합니다 도 이루심 찬양합니 다
맹세합니다 맹세합니다 부처님의 뒤를 이어 서

이 세 상 에 그 어 떤 - 일 인 들 이 보 다 기 쁘 고 거 룩 한 일
생 사 고 통 영 원 히 - 면 하 게 이 끄 신 봉 화 의 바 른 불 빛

있 - 으 - 리 그 옛 날 의 오 늘 이 룬
지 - 혜 - 로 어 둔 그 늘 모 두 밝 혀

부 처 님 의 광 명 지 혜 없 었 다 - 면
부 처 님 의 세 상 으 로 바 꿔 놓 - 는

중 생 들 - 이 생 사 고 통 면 할 길 을
그 일 에 - 서 제 일 가 는 모 습 보 여

감 히 어 찌 알 았 으 리 감 사 합 니 다
부 처 님 의 은 혜 갚 음 지 켜 보 소 서

감 사 합 니 다
지 켜 보 소 서

석굴암의 노래

작사 문재현
작곡 배신영
노래 채연희

그윽히 내려 트인 높고 높은산 기 슭에
태초의 이 마 음 이 무 명 으로경계 이뤄

명월보다밝은 모 습 근 엄 도 하 서 라 뵈옵
꿈 의 세 상이어 져 서 이 런 삶 됐 지 만 거룩

는 그 순 간 티 끌 번 뇌 사 라 지 니 한없
한 가 르 침 깊 이새 긴 실천으로 일상

이 고 요 하 여 지-순 한 마 음 일 세 이마음
의 시 시 때 때 생 활 화 가 되 는그 날 이세상

속세에 있 을 때 도 지 속 되 면 거 치 른 이세상도 태평세
이대로가 정-토 의 세 상 되 어 노 래 와 춤 으로써 길 이길

계 될 것 일 세
이 즐 길 걸 세

간 주

D.C.

Fine

대원 선사님 작사 337

님의 모습

작사 문재현
작곡 배신영
노래 채연희

Slow Waltz ♩ = 82

합 장 속 의　봉 - 화 처 럼
대 자 비 의　육 - 신 통 을
님 의 모 습　그 - 위 력 에

나 타 나 신튠　모 - 습 습
갖 춰 나 나신튠　모 - 음
보 림 이 신튠　마 -

사 색 속 의　태 - 양 처 럼
우 리 들 의　온 - 갓 소 원
님 의 모 습　나 - 툰 찰 나

나 타 나 신 - 모 - 습 습
이 뤄 주 신신 - 모 - 음
둘 이 아 닌 - 마 -

아 - 아 - 미 소 속 - 의
아 - 아 - 백 천 삼 - 매
아 - 아 - 님 의 모 - 습

무 지 개 를　　타 － 고　나 － 툰 － 모 －
나 에 게 서　　깨 － 워　주 － 신 － 모 －
그 대 로 가　　유 － 마　묵 － 연 － 마 －

습
습
음

Fine

믿고 따르세

작사 문재현
작곡 배신영
노래 채연희

고 - 해일 - 러 낙원이라 한 불보 - 살님그 - 말씀 의
참 - 나 깨 - 친 밝은지혜 로 선행 - 닦아사 - 상없 는

진 실한경지 알 려 - 거든 보고들 는 그곳향 해
일 상의생활 이 루 - 는날 고해일 러 낙원이 란

명 - 상하 - 게 명상 - 으로분 - 별
말 - 씀의 - 뜻 내 - 뜻 - 되 - 어

망 상없 - 어 지 고 고요로움 극해지면
큰웃음을 - 껄껄짓 고 대장부로 삼계구할

불 멸 의 나 깨 - 치 네
서 원 세 워 행 - 하 리

Fine

신명을 다하리

작사 문재현
작곡 배신영
노래 채연회

부처님께 바치는 마음

작사 문재현
작곡 배신영
노래 채연희

감사합니다

작사 문재현
작곡 배신영
노래 채연희

교화가

작사 문재현
작곡 배신영
노래 채연희

Slow Waltz ♩ = 82

주 장 자 떨 쳐 메 고 —
주 장 자 떨 쳐 메 고 —
주 장 자 떨 쳐 메 고 —

방 랑 삼 — 천 계 —
방 랑 삼 — 천 계 —
방 랑 삼 — 천 계 —

흰 구 름 뜬 고 개 — 넘 어
흰 구 름 뜬 고 개 — 넘 어
흰 구 름 뜬 고 개 — 넘 어

오 신 님 이 누 — 구 뇨 —
오 신 님 이 누 — 구 뇨 —
오 신 님 이 누 — 구 뇨 —

사 바 세 계 중 생 들 을
구 류 중 생 그 릇 따 라
화 장 세 계 열 어 놓 고

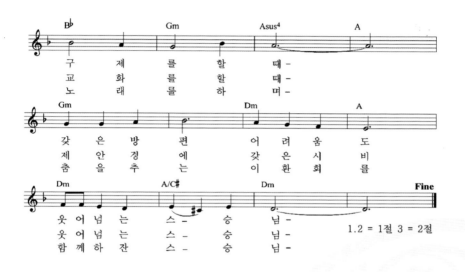

구 제 를 할 때 –
교 화 를 할 때 –
노 래 를 하 며 –

갖 은 방 편 어 려 움 도
제 안 경 에 갖 은 시 비
춤 을 추 는 이 환 회 를

웃 어 넘 는 스 – 승 님 –
웃 어 넘 는 스 – 승 님 –
함 께 하 잔 스 – 승 님 –

1.2 = 1절 3 = 2절

섬진강 소초

작사 문재현
작곡 배신영
노래 채연희

Slow GoGo ♩ = 84

광 양 - 포구　팔 십 - 리의　거룻 배에 몸을 싣　고
하 동 - 포구　팔 십 - 리에　거룻 배를 띄워 놓　고

석 양 노을　고 운 빛에　물새 도 맘 읽누　나
노 을 들어　법 문하니　어우 러진 웃음이　네

광 양 하동　어 우름의　한결 같은 섬 진 강　은
이 위 력이　세 상그늘　모두 거둬 열 린 세　상

머 언 머언　그 날에도　오늘 처럼 - 흐르리　라
평 등 낙원　누 림으로　노래 하며 - 살게 되　리

우 리도 저런 맘　길 이 지 녀　누 리며 사　세
그 날을 위한 삶　모 두 함 께　노 력해 사　세

Fine

346 정법의 원류

권 수 가 1

작사 문재현
작곡 배신영
노래 채연회

이룰듯하다가 놓쳤으니 - 하루하루가 태산만같게
어찌아 니 슬플쏜가 - 숙 - 명적인 인과라해도

커져만 - 가는게 의심일세 - 얼 씨구나 좋 다 -
극복해 - 넘기에 어려웁네 - 얼 씨구나 좋 다 -

지 화 자 좋 네 - 아니닦지는 -코러스-
지 화 자 좋 네 - 아니닦지는

못 - 하 리 - 라 -   Fine
못 - 하 리 라 -

권 수 가 2

작사 문재현
작곡 배신영
노래 채연희

아 니 아 니 - 닦 지 는 못 하 리 라 - 적 적 요 요 달 밝 은 - 밤 에 -
아 니 아 니 - 닦 지 는 못 하 리 라 - 어 지 러 운 번 뇌 - 망 - 상 -

단 정 히 눈 올 감 은 깊 은 삼 매 - 대 상 없 는 낙 에 취 해 짓 는 미 소 -
털 - 고 이 룬 보 리 마 음 모 든 속 박 - 다 떨 치 고 호 연 지 기 를 누 리 는 데 -

한 산 습 득 이 즐 겨 누 리 는 그 낙 이 아 니 던 - 가 -
송 죽 바 람 솔 솔 향 기 그 윽 하 고 - 그 윽 하 네 -

모 두 들 - 저 런 낙 을 - 누 리 려 거 든 - 닦 고 닦
산 새 도 - 노 래 하 니 - 너 도 좋 고 - 나 도 좋

소 - 삼 세 모 든 불 보 살 님 도
다 - 삼 세 제 불 무 현 금 - 에

두타의수행을 인내로써 하루하루를 수행해왔던
역－대조－사 무공적의 명－월삼경 이좋은밤을

결실로－얻어진 과위라네 얼 씨구 나 좋 다
두둥실－두둥실 즐겨보세 얼 씨구 나 좋 다

지 화 자 좋 네 아니닦지 는 －코러스－
지 화 자 좋 네 아 니 닦 지 는

못 － 하 리 － 라 Fine
못 － 하 리 － 라

우란분재일

작사 문재현
작곡 배신영
노래 채연희

Trot in4 (double beat) ♩ = 134

우 란 분 재 맞-이 해 서 대자대비-부처-님 을
정 성 어 린 마-음 으 로 이고득락-비옵-나 니

이 자-리 에 청 해 모 셔 다생부모 왕 생 극 락
세 상-애 착 모 두 끊 고 부처님의 그 세 상 에

정 성 다 한 맘 입 니 다 지 혜 짧 아 못-미-쳐 서
나 시 기 만 원 합 니 다 다 생 겁 에 경-험-하 신

중 한 은 혜 입-고 서 도 보 은 보 답 못 하 고 서
부 질 없 는 몸-종 노 룻 그 허 망 을 떨 침 만 이

이 생 까 지 이-른 것 을 머 리-숙 여 부 처 님 께
윤 회 고 를 벗-어 나 는 길 이-오 니 그 리 되 길

참 회 합 니- 다 참 회- 합 니- 다
비 옵 나 이- 다 비 옵- 나 이- 다

Fine

고맙습니다

작사 문재현
작곡 배신영
노래 채연회

Waltz ♩ = 108

B

이 런 이 도 고 마 웁 고 저 런 이 도 고 마 우 며
이 이 런 일 도 없 었 고 - 저 런 일 도 없 었 고 -
어 려 운 일 없 었 다 면 안 되 는 일 없 었 다 면
참 을 인 자 공 덕 이 - 어 질 인 자 공 덕 이 -

모 - 두 가 고 맙 습 니 다 - 음
모 - 두 가 없 었 다 - 면
고 - 마 움 알 았 으 리 오 -
이 - 리 도 큰 거 란 - 걸 -

음 백 겁 천 생 몹 - 쓸 업
알 고 보 니 님 - 의 은

장 닦 지 못 했 을 걸 고 - 마 워
혜 님 의 은 헤 일 세 고 - 마 워

요 고 마 워 - 요 정 말 정 말
요 고 마 워 - 요 정 말 정 말

고 맙 습 니 다 -
고 맙 습 니 다 -

Fine

352 정법의 원류

믿음으로 여는 세상

작사 문재현
작곡 배신영
노래 채연희

Slow ♩ = 76

우 리 들 모 두 가   부 처 님 의 지 해 -   활 짝 열 린 가 슴 으 로   써
우 리 들 모 두 가   참 선 을 할 때 는 -   모 두 비 워 냉 경 지 수   로

다 같 이 도 와 서 -   살 아 들 간 - 다 면   훈 풍 같 은 앞 날 이 리   라
참 나 를 관 조 해 -   실 경 에 사 - 무 쳐   깨 달 아 서 활 짝 웃 는   날

아 - 즐 - 겁 게   즐 겁 게 마 - 음 을   다 스 려 참 모 습 을   이 루 노 라 면
아 - 즐 - 겁 게   즐 겁 게 법 - 담 을   함 으 로 꽃 피 울 걸   맹 세 를 하 고

정 - 토 의 세 상 이   우 리 를 맞 - 으 리   우 리 모 두 기 도 합 시
정 - 진 에 정 진 을   정 진 에 정 - 진 을   우 리 모 두 실 천 합 시

다   다 같 이 기 도 합 시 - 다
다   다 같 이 실 천 합 시 - 다

Fine

출가재일

작사 문재현
작곡 배신영
노래 채연희

장하십니다　장하십니다
장하십니다　장하십니다

그의 지가　장하십니다
갖은 역경　부딪쳐 서도

이 세상의 모든 사람 탐을 내는　왕의 지위 와
초 지일관 변함없음 우러러서　존경합니 다

왕비와의 궁중 낙을 미련 없이 버리시고
나 밖에서 찾으려는 어리석음 버리고서

고 – 행 수 – 도 하겠 다 한 – 굳은 의지 머리
내 – 안에 – 서 찾으 려 한 – 깨침향 한 굳은

숙 여 찬탄합니 다 찬 탄합 니다
의 지 찬탄합니 다 찬 탄합 니다

Fine

염 원

작사 문재현
작곡 배신영
노래 채연회

Moderato GoGo ♩ = 114

세 상 의 – 모 든 것 을 내 것 인 – 양
영 장 다 운 – 합 – 장 의 염 원 속 – 에

먹 고 입 고 – 즐 – 기 며 살 아 가 – 다
세 상 티 끌 – 털 어 버 린 일 념 되 – 어

훌 쩍 지 난 세 월 속 에 돌 아 보 니 한 바 탕 –
이 것 이 것 이 무 어 꼬 참 구 하 며 날 이 가 고

꿈 결 같 은 인 생 이 라 관 음 보 살 –
달 이 가 고 세 월 가 도 시 간 감 을 –

외 치 며 회 개 하 니 기 도 하 다 –
모 르 는 일 상 이 라 크 게 깨 쳐 –

사 무 치 고 – 사 무 친 맘 대 해 탈 로 성 취 토 록 비 나 이 다 –
함 – 없 는 – 함 으 로 써 능 력 다 해 님 의 은 혜 갚 으 리 라 –

이 끌 어 주 옵 소 서 이 끌 어 주 옵 소 서
이 끌 어 주 옵 소 서 이 끌 어 주 옵 소 서

Fine

우리네 삶, 고운 수로

작사 문재현
작곡 배신영
노래 채연희

숲속의 마음

작사 문재현
작곡 배신영
노래 채연희

Disco ♩= 120

푸른 숲 - 속의　고 색 짙 은 절 찾 아
깊 고 그 - 윽 한　산 사 찾 아 온 마 음
사 람 다 - 움 을　생 각 하 며 걷 는 길

라 - 라 -　친 구 들 과　굽 이 굽 이
라 - 라 -　친 구 들 과　사 색 하 는
라 - 라 -　친 구 들 과　주 고 받 는

걷 는 길 가　계 곡 물 도　반 - 기 는
가 부 좌 에　관 음 보 살　미 - 소 를
오 늘 의 말　길 가 별 도　조 - 용 한

소 리 좋 고 도 좋 아　콧 - 노 래　응 -
짓 고 좋 고 도 좋 아　나 - 는 야　응 -
미 소 좋 고 도 좋 아　맘 - 노 래　응 -

새 들 도 합 창 을 하 네 네
마 음 꽃 활 짝 피 었 네 네
숲 길 도 어 깨 춤 추 네

Fine

사 색

작사 대원 문재현
작곡 배신영

조 용 — 히 눈 — 감 고 — 서　　참 — 나 를 살 펴 — 봐 요
조 용 — 한 사 — 색 으 — 로　　깨 — 달 아 살 펴 — 보 면

갖 은 생 각　모 든 행 이　이 로 좇 아 있 건 만 —　은
온 갖 지 혜　모 든 덕 이　이 로 좇 아 있 — 음 —　에

색 깔 도 모 양 도 없 어　알 — 고 파 서　사 색 일 세 모 든 걸 내 려 놓 고 —
그 능 력 베 풀 고 펼 쳐　누 — 리 려 고　수 행 일 세 모 두 를 다 비 우 고 —

쉬 는 시 간 사 색 으　로　한 걸 음 또 한 걸 음 다 가 서 는 노 력 다 해　기 어 이 성 취 하 여
님 의 자 취 따 름 으　로　한 걸 음 또 한 걸 음 극 락 세 계 다 가 가 서　기 어 이 성 취 하 여

낙 원 의 — 삶 — 누 리 려　네
너 나 없 — 이 — 누 려 보　세

358　정법의 원류

천부경을 아시나요

작사 대원 문재현
작곡 배신영

우리조상 깊 — 은진리 천부경을아시나 요
바른진리 깨 — 달아서 이세상을바로봐 요

여든 — — — 한 — 자속에누 리의 — 온이 — 치 — 를
마음 — — — 의 능 — 력으로펼 처놓은장엄 — 이 — 라

남 김없이 — 담으셨 — 네 — 필부의사내 — 라 도
화 려하고 — 아 름답 — 네 — 이땅인이대 — 로 가

마 음을 — 갈 고닦 — 아 영원 한참 — 나깨 — 처
낙 원의 — 세 계이 — 니 노래 와춤 — 으로 — 써

환인 — 큰은혜에 보 답 — 해사 — 세
어깨 — 동무하고 영 원 — 히사 — 세

보 살 가

작사　대원 문재현
작곡　김동환

너무느리지않게　♩ = 80

세상사에어 울린 구 제의길

어려움도웃어넘긴 이 마음을　흰 구름너도알리 라

성불의보리과를 이루기위해　두타의수행으로 써

이 세계 저 세계서 닦았던 보현행을 영 원 히 펼 치 — 리

불보살의 마음

1. 자비, 그 자비는 눈물이었네
   불나방이 불을 쫓듯 가는 이
   그래도 못 잊어서 버리지 못해
   저리는 저리는 가슴, 그 가슴 안고서
   눈물, 피눈물로 저리 부르네

2. 자비, 그 자비는 눈물이었네
   제 살 길을 저버리는 이들을
   그래도 못 잊어서 버리지 못해
   저리는 저리는 가슴, 그 가슴 안고서
   눈물, 피눈물로 저리 부르네

나의 노래

1. 노세 노세 봄놀이하세
   대천세계 이 봄 경치
   한산 습득 친구삼아
   호연지기 즐겨볼까
   얼씨구나 절씨구
   아니나 즐기고 무엇하리

2. 노세 노세 봄놀이하세
   걸음 쫓아 이른 곳곳
   문수보현 벗을 삼아
   화엄광장 춤춰볼까
   얼씨구나 절씨구
   아니나 즐기고 무엇하리

바른 삶

우리 삶을 두고서 허무하다 누가 말했나
본래 마음이 나 아닌가
그 마음 나를 삼아 살면 되지
지금도 늦지 않네 우리 모두
오늘부터 모두들 마음으로 나를 삼아
길이길이 웃고들 사세

사는 목적

우리 모두 행복을 찾아 영원을 찾아
내면 향해 비춰보는 명상으로
앉으나 서나 일을 하나 최선을 다하세
하루의 해가 서산을 붉게 물들이고
합장 기도하여 또 다짐과 맹서의 말
뜻 이루어 이 세상의 빛이 돼서
구류를 생사 고해에서 구제하는 사람으로
영원히 영원히 살 것입니다

서로 서로 나누면서

버들 푸르고 꽃 만발하고 나비 춤이더니
녹음이 우거지고 매미들의 노래 가득한 천지
울긋불긋 고운 단풍 어제인 듯한데 눈이 오네
우리 모두의 삶 저러하고 저렇지 않던가
보기도 아까웁고 소중한 형제 자매들이니
서로 서로 나누면서 짧은 우리네 삶을 즐기세

닮으렵니다

관세음보살 관세음보살
지극한 마음으로 닮으려고
오늘도 노력하며 주어진 일을 하면
하루가 훌쩍 가는 줄도 모른다오
관세음 관세음보살
님께서 베푸는 그 넓은 사랑을
이 맘 속에 기르고 길러서
실천하는 그런 장부 되어서
큰 은혜 갚을 겁니다

여기가 낙원

참나 찾아 영원을 향해
한눈 안 팔고 노력하고
가정 위해 사회를 위해
뛰고 뛰고 혼신을 다한
나의 노력 결실이 되어
일상에서 누리는 나날
선 자리가 낙원이 되니
초목들도 어깨 춤추고
산새들도 축하를 하네

정한 일일세

우리네 삶이란 것
풀끝 이슬 아니던가
서로서로 위로하고 아끼면서
우리 모두 착한 삶이
이어져 가노라면
언젠가는 행복한
그날이 우리에게
찾아오는 것 정한 일일세
찾아오는 것 정한 일일세

나는 바보

나는 바보다 나는 바보야
역지사지 알다보니 바보가 되었네
그렇지만 내 주위는 언제나 웃음이 있고
나눔이 있어 행복하다네
나는 나는 그런 바보야
나는 나는 그런 바보야

선 승

토함산 소나무 위에 달빛도 조는데
단잠을 잊은 채 장승처럼 앉아있는
깊은 밤 선승의 그윽한 눈빛
고요마저 서지 못한 선정이라
대천도 흔적 없고 허공계도 머물 수 없는
수정 같은 광명이여, 화엄의 세계로세

지장보살

지장보살 두 눈의 흐르는 눈물
마르실 날 언제일까 생각하고 또 생각해도
이 세상의 사람들이 멀어지게만 하고 있네요
보살님 어찌해야 하오리까
반야의 실천으로 최선 다해 돕는다면
안 되는 일 있으리까
대원본존 지장보살 나무 지장보살

우리 모두

우리 모두 만난 인생 즐겁게 살자
부딪치는 세상만사 웃으며 하자
인연으로 어우러진 세상사이니
풀어가는 삶이어야 하지 않겠니

몸종 노릇 하는 사이 맘 챙겨 살자
맑고 맑은 가을 허공 그렇게 비워
명상으로 정신세계 사무쳐보자
언젠가는 깨쳐 웃는 그날이 오리

한산 습득 껄껄 웃는 그러한 웃음
웃어가며 모든 일을 대하는 날로
활짝 펼쳐 어우러진 그러한 삶을
우리 모두 발원하며 즐겁게 살자

사막은 지구의 심장

21세기는 사막 경영 시대를 열어
연구에 노력을 다한다면
지상 낙원이 인류에게 달려와서 맞을 걸세

육십 억의 온 인류가 손에 손잡고 한 뜻 되어
사랑하는 마음으로 역경을 헤쳐 나가
사막화를 막아 황무지를 초원으로
살기 좋은 지구촌을 이뤄보세
살기 좋은 지구촌을 이뤄보세

아리랑 아리랑 아라리요
아리랑 고개를 넘어간다
청천 하늘엔 잔별도 많고
이내 가슴엔 희망도 많다

이때 우리는

1. 화산의 폭발로 해서 사람들과 모든 것이 용암펄로 화해버린
   이 막막한 우리들을 올바르게 영원으로 끌어주실
   성인 중의 성인이신 불보살님 나라에 가 나는 게 꿈이네

2. 태풍이 인가를 덮쳐 다정했던 이웃들은 간 곳 없고
   어지러운 벌판 되어 처참하고 참담하기 그지없는 무상한
   이 현실에 의지할 분, 생명 밝혀 영원케 한 부처님 뿐이네

3. 지진이 우리의 삶을 삼켜버려 초토화가 되어버린
   허망하기 그지없는 우리들의 현실에선 사방천지 둘러봐도
   의지해야 할 분은 자신 깨쳐 누리라 한 부처님 뿐이네

다시 올 수 없는 날

눈을 감은 합장으로 맹서합니다. 언제나 같이하길
모든 걸 버리고 출가를 했으니, 기필코 성불하길
굳은 맹세를 하죠, 일심기도를 하죠
내 생에 이처럼 의미 깊은 날 다시는 올 수 없을 겁니다
스승님을 만난 걸 너무나 감사해요
이 생에서 생사자재하여 모두 함께합시다
위로는 불지를 닦고 아래로는 교화를 하여
이 생에서 부처님의 크고 큰 은혜를 갚으리라

즐거운 마음

1. 우리 모두 선택받은 제자 되어
   즐거운 맘 하나 되어 축하합니다
   그 무엇을 이룬들 이리 좋으며
   황금보석 선물인들 이만하리까
   부처님의 가르침만 따르오리다
   실천하리라 실천하리라

2. 부처님의 뒤 이을 걸 맹세하며
   다짐으로 즐기는 맘 가득합니다
   당당하게 행보하는 구세의 역군
   혼신 다해 낙원 이룬 이 세계에서
   함께 사는 즐거움을 생각하며
   노래합니다 노래합니다

수행과 깨침

1. 그릴 수도 없는 마음, 만질 수도 없는 마음
   찾으려는 수행이라 모든 것을 다 버리고
   모든 생각 비우기를 몇천 번이었던가
   머리 터져 피 흘려도 멈출 수가 없는 공부
   이 공부가 아니던가

2. 놓지 못해 우두커니 장승처럼 뭐꼬 하고 앉았는데
   앞뒤 없어 몸마저도 공해버린 여기에서 이러-한 채
   시간 간 줄 모른 채로 눈을 감고 얼마간을 지나던 중
   한 때 홀연 큰 웃음에 화장계일세

걱정 말라

1. 걱정 말라 걱정을 말라 불보살님 말씀대로만 행한다면
   안 풀리는 일 없다 하지 않았던가
   육근으로 보시를 하며 웃고 살자 웃고들 살자
   백년 미만 우리네 인생, 세상 만사 마음먹기 달렸다고
   일러주시지 않았던가 걱정을 말라

2. 이리 봐도 저리를 봐도 모두모두 내 살림일세
   간섭할 수 없는 내 살림 아니아니 그러한가
   이리 펼치고 저리 펼쳐 육문으로 지은 복덕
   베푸는 맛이 아니 좋은가 우리 사는 지구인 별 함께 가꿔
   낙원으로 만들어서 살아들 보세

   얼씨구나 절씨구나 한 판 놀음 덩실덩실 살아들 보세

따르렵니다

1. 우리 모두 합장 공경 하옵니다
   크고 작은 근심 걱정 씻어주려
   우릴 찾아 오셨으니 감사합니다 고맙습니다

2. 우리 모두 손에 손을 맞잡고서
   즐거웁게 노래하고 춤을 추며
   우리에게 오신 님을 경하합니다 축하합니다

3. 우리들의 깊은 잠을 깨워주셔
   영생불멸 낙원의 삶 누리게끔
   해주시려 오신 님을 공경합니다 따르렵니다

효

1. 아들 딸이 귀엽고 사랑스런 그 속에 우리들의 부모님
   어려움에도 끝내 가르치고 기른 정 이제 읽으며
   늦은 눈물로써 불초를 뉘우치며 맹세하고 다짐하는
   아들 딸이 여기 있으니, 건강히 오래만 사시기를
   손 모아 손을 모아 간절하게 바라고 또 바라는
   기도를 하옵니다 부모님 입이 귀에 걸리시게 할 겁니다

2. 어렵고도 어려운 보릿고개 그 속에 우리들을 먹이고
   가르치느라 정말 그 얼마나 고생이 되셨습니까
   허리 두 끈들을 졸라맨 아픔으로 사셨죠
   정말정말 오래도록 건강하게만 계셔주신다면
   아들 딸을 낳으시고 길러주신 그 노고에 크게 보답할 겁니다
   아버님 어머님의 입이 귀에 걸리시게 할 겁니다

곰탱이

곰탱이 곰탱이 미련 곰탱이
세상 사람 요구 따라 다 들어준
사람더러 곰탱이라네
요구 따라 따지지 않고
들어주기 바쁜 이를 놀려대며 하는 말
곰탱이 곰탱이 미련 곰탱아
그리 살다간 끝내는 빌어먹을 쪽박마저
없겠구나 미련 곰탱아
그래도 덩실덩실 추는 춤을
보며 깔깔 웃는 사람들아
웃는 자신 모르니 서글퍼 내 하는 말
한 판의 꿈속이라 천금만금 쓸데없네
깔깔 웃는 그 실체를 자신 삼아 사는 삶이 되길
바라고 바라는 곰탱이 춤이로세

옛 고향

고향 옛 고향이 그리워 거니는 산책에
고요한 달빛 휘영청 밝고 밤새는
그 무슨 생각에 저리 부르는 노래인데
숲 타고 온 석종소리에 열리는 옛 내 고향
그리도 캄캄하던 생각들은 흔적도 없고
고요한 마음 옛 고향 틸끝만큼도
가리운 것이란 없었는데
어찌해 그 무엇에 어두웠던고 고향길 옛 내 고향
나는 따르리라 끝없는 일이라 하여도
님 하신 구제 고난과 역경
그 어떤 어려움 닥쳐도
님 하시는 일이라면 멈추는 일 없을 것일세
이것만이 보은이라네 보은이라네

행복이란

즐거웁게 즐겁게
살아가면 좋잖아
한 번뿐인 인생인데
모두 활짝 웃어요
신이 나게 웃어요
행복이란 돈과 직위에
있는 것 아니라네
행복이란 그 어떤 마음으로
사느냐에 있다네
다 같이 다 같이 웃어들 봐요
그 웃음 타고 행복이 오네
짧은 인생살이 이렇게
만들어가며 살아들 보세

좋구나

좋구나
이곳이 어때서
낙원에 장소가 있나요

마음이 착하면
선 곳이 무릉도원
이런 삶이 참 삶이라네

미소를 지으며
손에 손을 잡고서
태평가를 모두들 불러요

우리들 이렇게 서로 만나 사는 것
백겁천생 인연이라네

세월아 맞춰라
내 즐기고 즐기며
함께하는 이들에게 위로를 하려네

화엄의 세계

1. 각자 마음 깨닫고 봐요
   누리 그 모두가 장엄이네 장엄, 빛의 장엄
   어느 하나 마음의 장엄 아닌 게 없네, 없어
   다함 없고 끝이 없는 보고 듣는 마음 하나 바로 쓰면
   이대로가 무릉도원 화엄의 세계로세

2. 보고 듣고 느끼고 생각하는
   그 모든 것 장엄이네 장엄, 빛의 장엄
   어느 하나 빛의 장엄 아닌 게 없네, 없어
   다함 없고 끝이 없는 보고 듣는 마음 하나 바로 쓰면
   이대로가 화장세계 장엄의 세계로세

만들자

1. 빌딩숲의 실외기 열
   오고가는 차 배기가스
   사람소리 기계소리를
   원림 속의 새소리와
   개울소리 미풍소리
   그것으로 만들자 만들자 만들자

2. 이익 따져 주고받는
   설왕설래 어지러움
   높고 낮은 금속음들을
   매미소리 물소리와
   노래하는 환경으로
   우리 함께 만들자 만들자 만들자

3. 하늘 맑고 별이 빛난
   조용하고 시상 뜨는
   그런 환경 거닐면서
   손에 손을 마주 잡고
   노래하는 세상으로
   우리 함께 만들자 만들자 만들자

잘 사는 게 불법일세

1. 잘 사는 게 불법일세
   우리 모두 관음보살 지장보살 생활 속에 모시면서
   마음 비운 나날들로 바른 삶을 하노라면
   불보살님 가피 속에 뜻 이뤄서 꽃을 피운
   그런 날이 있을 걸세

2. 잘 사는 게 불법일세
   우리 모두 관음보살 지장보살 생활 속에 모시면서
   마음 비워 살아가며 시시때때 잊지 않고
   참나 찾아 참구하는 그 정성도 함께하면
   좋은 소식 있을 걸세

3. 잘 사는 게 불법일세
   우리 모두 관음보살 지장보살 생활 속에 모시면서
   틈틈으로 회광반조 사색으로 참나 깨쳐
   화장세계 장엄하고 얼쉬얼쉬 어울리며
   영원토록 웃고 사세

마음이 나로세

본래 마음이 나이건만
몸이 내가 된 삶이 되어
갖은 고통이 따랐다네

맘이 내가 된 삶으로서
갖은 고통이 없는 삶을
우리 누리고 살아보세

이리 쉽고도 쉬운 일을
어찌 등 돌린 삶으로서
고통 속에서 헤매는고

마음 수행을 모두 하여
나고 죽음이 없음으로
태평 세월을 누려보세

대원 선사님 작사 389

사람다운 삶

1. 사람이 사람다운 사람이 되려면
   명상으로 비우고 비워서
   고요의 극치에 이르러
   자신을 발견한 슬기로써
   마음을 다스리는 연마 후에
   그 능력으로 모두가 살아가야
   평화로운 세상이 활짝 열려
   모두 함께 누릴 걸세

2. 서로가 다툼 없이 서로를 아껴서
   마음으로 베풀고 베푸는
   사회로 이루어 간다면
   낙원이 멀리만 있는 것이 아니라
   살고 있는 이대로가 낙원이란 걸
   모두가 실감하는
   우리들의 세상이 활짝 열려
   모두 함께 누릴 걸세

치유의 노래

요즈음의 우울증과 가지가지 신경성 질환에 시달리는 사람들
세상에서 들리는 저 모든 소리들을
나의 내면에서 듣는 곳을 향해 비춰보오
쉬운 일은 아니지만 포기하지 않고
듣는 곳을 향해 보고 또 보는 것을
하루 이틀 한 달 두 달 지속하다 보면
어느 날 밖이 없는 고요를 체험하게 될 것일세
얼씨구나 좋네 지화자 좋네 아니아니 그러한가

그 고요를 지속하도록 노력하노라면
어느 날 대상 없는 미소와 동시에 편안함을 체험하게 될 것일세
밖이 없는 이 고요의 편안함을 즐기다 보면
어느 날 밖의 어느 인연을 맞아 그 실체인 자신을 발견할 것일세
이 실체를 발견한 뒤 세상을 살아가는 과정에서
어려운 일이 있으면 바로 그 실체에 비춰 보게
그 어려운 것들이 사라지고 밖이 없는 고요로운 실체의 자신이
대상 없는 미소를 짓게 될 것일세
얼씨구나 좋네 지화자 좋네 아니아니 그러한가

바른 삶

1. 어디어디 어디라 해도
   마음 찾아 바로만 살면
   그곳 바로 극락이라네
   세상분들 귀담아듣고
   사람 몸을 가졌을 때에
   모든 고비 극복해내서
   참선으로 참나를 깨쳐
   걸림 없는 해탈의 세상
   누려보세 누려들 보세

2. 어두운 곳 태양이 뜨듯
   중생계에 불타 출현해
   바른 삶으로 인도하셔
   복된 날을 기약케 하니
   아니아니 좋고 좋은가
   이 몸 주인 통쾌히 깨쳐
   억겁 업을 말끔히 씻고
   걸림 없는 해탈의 세상
   누려보세 누려들 보세

맹세

1. 내가 선택한 수행의 길에 나의 청춘을 묶었다
   님 향해 눈 감고 합장에 담은 지극한 신심과 정성입니다
   내 가슴에 못질을 하는 업심의 무게 속에서도
   우리가 모신 스승님 자비 속에 눈물도 이젠 끝났다
   너무도 쉽게 깨달아서 소중한지도 모르고
   보림이 힘겨워 단 한 번도 감사하단 말도 못했네
   백 년도 우린 살지 못하고 이 몸은 흩어지지만
   세세생생 우리 함께하도록 열심히 정진하리라

2. 40여 년쯤 지나 내 육신의 옷을 벗을 때가 되면
   생사자재하여 스승님과 그 길을 함께하리라
   너무도 쉽게 깨달아서 소중한지도 모르고
   보림이 힘겨워 큰 은혜에 감사하단 말도 못했네
   백 년도 우린 살지 못하고 이 몸은 흩어지지만
   세세생생 님의 은혜 갚는 길 온 중생 제도함이라
   이 세상의 어떤 고난이 나를 막는다 하여도
   내 전부인 오직 한 분 님 위해 살리라 님 위해 살리라

즐겁게 살자

나를 찾아 행복을 찾아
내면 향한 명상으로 비춰보며
오늘도 최선을 다한 하루해가 져가네
노을빛 곱게 물이 들고 내 꿈도 이뤄져간다
생각만 하여도 보람찬 미소를 짓는다
세상만사 별것이더냐
서로서로 도와가며 살면서
틈틈이 내면 향한 명상으로
몸 건강 마음 건강 챙기며 사노라면
참나 깨친 박장대소도 짓고
세상 고별 마음대로 하는 날도 있을 걸세
그런 날을 기대하며 일하고 명상하며
하루하루 즐겁게 살자

거룩한 만남

불법을 만난 건 행운 중 행운이고 내 생의 정점일세
거룩한 이 법을 만나는 사람이면 서로가 권하고 권을 하여
함께 하는 일상의 수행이 되어서 다 같이 누리는 낙원 이뤄
고통과 생사는 오간 데 없고 웃음과 평온만 넘치고 넘쳐
길이길이 끝이 없는 복락 누리세

여래의 큰 은혜 순간인들 잊으랴 수행해 크게 깨쳐
구제를 다함만 큰 은혜 갚음이니 노력과 실천 다해
우리 모두 씩씩한 낙원의 역군이 되어 봉화적인 이생의 삶으로써
최선을 다하여 부끄럼 없는 대장부로, 은혜 갚는 장부로
길이길이 끝이 없는 복락 누리세

두고두고 할 일

아미타불 사유를 깊이깊이 하여서
하늘땅 생긴 이래 오늘에 이르도록
크나큰 은산철벽 너머 일처럼
까마득히 모르던 나를 깨달았으나
모양 빛깔 없어서 쥐어줄 수도
보여줄 수도 없는 일이라서
입은 옷 뒤집어 보이듯 못하니 한이구나
그러나 보고 듣고 하는 바로 그것이니
마음눈을 활짝 열어 듣는 그곳 향해 살펴봐요, 살펴봐
하늘땅이 간 곳 없고 자신까지 사라진 데서
듣고 아는 그것 내가 아니던가
깊이깊이 참구해서 참나 찾아 결정신을 내리게나
다생겁의 윤회 중에 몸종 노릇 허사란 걸 경험하지 않았던가
그 깨달음에 비추어 세상 일에 응해가며
보림수행하는 일에 방심하지 않아서
구경각을 성취 후에 모든 류를 구제해서
큰 불은 갚음만이 두고두고 할 일일세, 두고두고 할 일일세

내 말 좀 들어봐요

모두모두 내 말 좀 들어봐요
이 몸이 내가 아니라 이 마음이 나 아닌가
살아가는 생활 속에 명상을 하여
이 맘 찾아 나를 삼아 살아를 봐요
모든 속박 모든 괴롬 벗어나는 아주 좋은 일이니
이제라도 안 늦으니 명상으로 뜻 이루어
영원한 생명, 영원한 행복 우리 모두 누려들 보세
사막화를 막고 사막 경영 시대를 열자

사막화로 급속히 변해가는 이 지구를
방치해선 아니 되네 방치하면
지구가 생긴 이래 최악의 상태 됨은
불을 보듯 뻔한 일일세, 하지만

육십 억의 온 인류가 한 마음 한 뜻 되어
황무지는 돌나물로 푸른 초원 만들고
확장되는 사막화를 배수관의 바닷물로 막는다면
지구가 생긴 이래 가장 살기 좋은 시대를
인류는 맞을 걸세

아리랑 아리랑 아라리요
아리랑 고개를 넘어간다
청천 하늘엔 잔별도 많고
이내 가슴엔 희망도 많다

부처님의 법

불법은 참불법은
만나기 어렵다네
어렵고 어렵거늘
내 이제 몸담아 닦으니
이 어찌 다행한 일이 아닌가
한눈팔지 맙시다
한눈팔지 맙시다
한눈팔지 맙시다
한눈을 파는 일 없이 해
이 생에 깨닫고 보림을 하여서
제도로써 불은 갚음으로
태평한 세상을 확실하게 이루리
누립시다 누립시다 확실하게 누립시다
누립시다 누립시다 확실하게 누립시다
누립시다 누립시다 확실하게 누립시다
아 고맙고도 고마우신 우리 부처님
거룩하고 거룩하신 부처님을 모시는 이 행복
생각할수록 넘치고 넘치는 이 행복
감사합니다 고맙습니다
감사합니다 고맙습니다 감사합니다 고맙습니다
감사합니다 고맙습니다 감사합니다 고맙습니다
감사합니다 고맙습니다 감사합니다 고맙습니다

사람 사는 이치

이 세상 사람들 사는 것
농부들 농사를 짓는 것과
조금도 다를 바 없는 이치이니
여러분 귀 기울여 들어보시오
얼씨구나 좋네 지화자 좋네 아니아니 그러한가

봄이 되면 깊이깊이 간직해 둔 씨곡식을
꺼내다 땅을 파고 다듬어서 골을 파고 뿌린 후에
오뉴월 찜더위에 구슬땀을 흘리면서
김을 매어 가꾸는 것은 엄동설한 추운 날에
사랑하는 부모님과 아내 자식들 모두
잘 지내게 하려는 깊은 뜻에서라네
얼씨구나 좋네 지화자 좋네 아니아니 그러한가

어떤 이가 말을 하기를 늘 현재만을 즐겁게 살자
강변함을 보았는데 좋은 말이기는 하지만
그 말은 자칫하면 희망이 없는 잘못된 말이라네
그러므로 내일을 위하여 오늘의 어려움을 즐기면서
밝게밝게 살아갑시다
얼씨구나 좋네 지화자 좋네 아니아니 그러한가

부처님의 말씀

부처님 말씀은 하나하나 자비더라
그러기에 불자들은 온화하고 선하더라
부처님 가르치는 이치는 흐르는 물이고
서늘한 산바람이며 봄꽃 향기요
심금을 울리는 연주요 노래요
포근한 어머니의 사랑이더라
바다처럼 넓고 넓은 자비의 품이더라
포근하고 온화한 그 가르침 하나하나
이치에 어긋남이 없으신 진실이더라
모두모두 다 함께 우리 모두 닮자구요
모두모두 다 함께 우리 모두 닮자구요
모두모두 다 함께 우리 모두 닮자구요
어쩌다 어쩌다 이런 가르침을 만났는지
이 다행 이 요행 헛되이 하지 않아
이 생에 깨달아서 이 크고 큰 은혜
갚는 일에 소홀하지 않으리라
감사합니다 감사합니다 우리 부처님
당신의 후예들마저도 유일하게
전쟁 같은 일들은 일으키지 않습니다
사랑하라 하면서 용서하라 하면서
사람이 사람을 죽이는 일
파리 목숨 취급하듯 하는 일이
있어서야 되겠습니까
혹시라도 이런 일이 종교에 있어서는
절대로 안 되는 일이라 믿습니다
관세음보살 나무아미타불
우리 모두 서로가 서로를 아끼고
사랑합시다 사랑합시다 사랑합시다

그 말씀

1. 님들의 고구정녕 그 말씀 맘에 새기세
그러면 오는 날엔 행복을 누리며
이웃들을 도우며 살리
개미처럼 개미처럼 개미처럼
개미처럼 개미처럼 개미처럼
개미처럼 개미처럼 개미처럼
이것저것 논하려 하지 말고 서로가
서로를 도와 세상을 이끄는 데 노력하면
이 세상의 그 어떠한 일일지라도
못 이룰 일 없을 것일세
꿀벌처럼 꿀벌처럼 꿀벌처럼
꿀벌처럼 꿀벌처럼 꿀벌처럼
꿀벌처럼 꿀벌처럼 꿀벌처럼

2. 님들의 가르침을 실행한 덕으로써
마음에 갖추어진 갖가지 능력을
부려 써서 누리는 삶을
나비처럼 나비처럼 나비처럼
나비처럼 나비처럼 나비처럼
나비처럼 나비처럼 나비처럼
더불어서 함께하는 별유천지 눈앞이 아니던가
이 모든 것이 참고 참아 극복해 이겨냈던
그 공덕의 결실이로세 그 공덕의 결실이로세
운학처럼 운학처럼 운학처럼
운학처럼 운학처럼 운학처럼
운학처럼 운학처럼 운학처럼

잘 사는 비결

참지 못한 결과는 어려움이 닥치고
참고 참는 결과는 좋은 일이 온다네
친구들아 모든 일 힘을 합쳐 맞으면
못 이룰 일 없지만
니 떡 너 먹고 내 떡 나 먹는 그럼 마음 쓴다면
될 일도 아니 된다네
우리 서로 뜻을 합쳐 모두모두 잘 살아보세
이미 이룬 과학문명 선용을 해서 용맹심을 내어
모든 일에 임한다면 행복이 줄을 서서 올 걸세
아리랑 아리랑 아라리요
아리랑 고개를 넘어간다
청천 하늘엔 잔별도 많고
이내 가슴엔 희망도 많다

용서한 결과로는 웃는 날을 맞이하고
베푼 뒤엔 참 좋은 이웃들이 생기네
친구들아 서로들 힘을 합쳐 임하면
못할 일이 없지만
니 떡 너 먹고 내 떡 나 먹는 그런 마음 쓴다면
될 일도 아니 된다네
오늘부터 뜻을 합쳐 우리 한번 잘 살아보세
이미 이룬 과학문명 선용을 해서 용맹심을 내어
모든 일에 임한다면 행복이 줄을 서서 올 걸세
아리랑 아리랑 아라리요
아리랑 고개를 넘어간다
청천 하늘엔 잔별도 많고
이내 가슴엔 희망도 많다

미련 곰탱이

나는 나를 모르는 곰탱이 곰탱이 미련 곰탱이
나라는 나를 보고 듣는 그거라고 보여주듯 일러줌에
동문서답 일관하는 곰탱이 곰탱이 미련 곰탱이
그러므로 성현들의 천하태평 무릉도원 못 누리고
고생고생 살아가는 곰탱이 곰탱이 미련 곰탱이
그런 삶을 면하려면 나라는 나를 깨달아라
자상하게 이끈 말씀 이행 못한 곰탱이 곰탱이 미련 곰탱이
귀천 없이 이끌어서 선 자리가 안양낙원 되게 하신
말씀을 이행 못한 곰탱이 곰탱이 미련 곰탱이
궁전 낙을 저버리시고 고행 수도 다하셔서
나란 나를 깨침으로 영생의 낙원으로 이끄셨네
이 기회를 놓친다면 다시 만나기 어려웁고 어려우니
칠야삼경 봉화 같은 그 지혜의 광명 받아
각자 것이 되게 하란 그 말씀을
실행 못한 곰탱이 곰탱이 미련 곰탱이
그 지혜의 이끔 받아 각자 경지 이러-히 되는 날엔
백사 만사 무엇이든 뜻대로 이뤄진다 권한 말씀
실행 못한 곰탱이 곰탱이 미련 곰탱이
눈앞의 그 작은 것 쫓다가 영원한 삶의 낙 놓치지 않으려면
나란 나를 꼭 깨달으란 귀한 말씀
실행 못한 곰탱이 곰탱이 미련 곰탱이
금구 성언 귀담아듣지 않고 흘려듣다간
백 년도 못 채운 후회막심 삶 되리니
새겨듣고 새겨들어 실천하란 그 말씀
실행 못한 곰탱이 곰탱이 미련 곰탱이
실천하여 깨닫고 박장대소 하는 날엔
삼세 성현 모두모두와 곰탱이 곰탱이가
누리 안은 광명 놓네 누리 안은 광명 놓아 삼창을 할 거라네

님은 아시리

1. 사계절의 풍광인들 위로되겠니
   서사시의 음률인들 쉬어지겠니
   뜻과 같이 되지 않아 기도에 젖은
   이 마음 님은 아시리
   한 세상 열정 쏟아 닦는 수행길
   불보살님 출현하셔 베푼 자비에
   모든 망상, 모든 번뇌 없었으면 좋으련만
   마음대로 안 되는 게 수행이더라, 수행이더라

2. 사계절의 풍광인들 위로되겠니
   서사시의 음률인들 쉬어지겠니
   뜻과 같이 되지 않아 기도에 젖은
   이 마음 님은 아시리
   청춘의 모든 욕망 사뤄버리고
   회광반조 촌각 아낀 열정 쏟아서
   이룬 선정 그 효력이 있었으면 좋으련만
   마음대로 안 되는 게 보림이더라, 보림이더라

3. 사계절의 풍광인들 위로되겠니
   서사시의 음률인들 쉬어지겠니
   뜻과 같이 되지 않아 기도에 젖은
   이 마음 님은 아시리
   억겁의 모든 습성 꺾어보려고
   갖은 노력 갖은 인내 온통 쏟아서
   세월 잊은 보림 성취 있었으면 좋으련만
   마음대로 안 되는 게 성불이더라, 성불이더라

2부

1. 사계절의 풍광인들 비유되겠니
   가릉빈가 음률인들 비교되겠니
   뜻과 같이 자유자재 베풀어놓고
   한없이 즐기시련만
   그러한 대자유의 삶을 접고서
   중생들을 구제하려 삼도에 출현
   갖은 역경 어려움을 감내하는 자비로써
   깨워주는 그 진리에 눈을 뜨거라, 눈을 뜨거라

2. 사계절의 풍광인들 비유되겠니
   가릉빈가 음률인들 비교되겠니
   뜻과 같이 자유자재 베풀어놓고
   한없이 즐기시련만
   억겁을 다하여도 끝이 없을 걸
   알면서도 해내겠다 나선 님의 길
   가시밭길 험난해도 일관하신 그 자비에
   구류중생 깨달아서 정토 이루리, 정토 이루리

3. 사계절의 풍광인들 비유되겠니
   가릉빈가 음률인들 비교되겠니
   뜻과 같이 자유자재 베풀어놓고
   한없이 즐기시련만
   낙원의 모든 즐김 떨쳐버리고
   삼악도를 낙원으로 이뤄놓겠다
   촌각 아낀 그 열정에 모두 모두 감화되어
   이 땅 위에 님의 소원 이뤄지리라, 이뤄지리라

반야의 노래

일 없는 경지인 부처님, 중생 위해
한순간도 쉼 없이 일심전력 쏟으시네.

내면 향해 비춰보는 지혜로써 이 몸 공함 바로 보아
나고 죽는 모든 괴로움 벗어나신 관자재의 말씀 들어보오

색이라 하나 공과 다르지 아니하고
공이라 하나 색과 다르지 아니하여
색 그대로 공이고, 공 그대로 색이며
받는 것, 생각하는 것, 행하는 것, 분별도 그렇다네

모든 법의 상도 또한 공했나니
나고 죽음 본래 없고 더럽지도 깨끗지도 아니하며
늘지도 줄지도 않는다네

금구 성언 옳은 말씀
수행이란 힘이 들어도
고비 넘겨 이뤄만 봐요
더 없는 행복을 이루네

공 가운데 색 없어서, 받는 것, 생각하는 것, 행하는 것, 분별도 없고
눈과 귀와 코와 혀, 몸과 뜻도 없고
빛과 소리, 향기와 맛, 닿는 것과 법도 없어
눈으로 볼 경계 없어 뜻으로 분별할 경계도 없고
무명 없고 무명 다함 또한 없다시네
그러므로 늙고 죽음 없고, 늙고 죽음 다한 것도 본래 없어
고와 집과 멸과 도도 없다 하고
지혜도 없고 또한 얻음마저 없으니, 얻을 바 없는 까닭이라네

금구 성언 옳은 말씀
이 경지가 힘이 들어도
굽이 넘겨 이뤄만 봐요
영원한 행복을 이루네

보살님들 반야바라밀다를 의지하는 까닭으로 마음에 걸림 전혀
없고
걸림 없는 까닭으로 두려움이 전혀 없어
엎어지고 거꾸러진 꿈결 같은 생각들이
전혀 없어 마침내 열반이라네

삼세 모든 부처님도 지혜로써 저 언덕에 이르름을 의지한 고로
무상정변정각 이뤘나니 그러므로 알지어다
반야바라밀다는 이러-히 크게 신령한 주며 이러-히 크게 밝은 주며
이러-히 위없는 주며 이러-히 차별 없는 차별하는 주라
능히 모든 괴로움을 없앤다 함 진실이지 거짓 없네

아제 아제 바라아제 바라승아제 모지 사바하
아제 아제 바라아제 바라승아제 모지 사바하
아제 아제 바라아제 바라승아제 모지 사바하

금구 성언 옳은 말씀
이 경지를 최선을 다해
이룬다면 끝없는 삶에
영원한 행복을 이루네

금강의 노래 1

일 없는 경지인 부처님, 중생 위해
한순간도 쉼 없이 일심전력 쏟으시네.

사위국 기수급고독원서 1250명의 비구들과 계실 때 세존께서 공
양 때가 되자 가사 입고 발우 들고 사위성에 들어 차례차례 비신 후
에 본 곳에 오셔 드시고 가사 발우 거둔 다음 발 씻고 자리 펴 앉으
셨네.
이때 장로 수보리 대중 가운데 있다가 자리에서 일어나 오체투지로
앉아 공경히 합장하고 부처님께 여쭙기를
"희유합니다. 세존이시여. 모든 수행하는 보살들에게 잘 생각하여
지키게 하시고 잘 부촉하셨습니다. 그러나 세존이시여 아뇩다라삼
먁삼보리 마음을 내어 어떻게 머무르며 어떻게 그 마음을 항복시켜
야 합니까?"
"착하고도 착하구나. 수보리야. 네가 말한 대로 여래는 모든 보살
들이 잘 생각하여 지키게 하였고 모든 보살들에게 잘 부촉하였다.
그러나 제삼 청하니 너희들은 자세히 듣거라. 그대들을 위해 일러
주리라.
선남자 선여인들이여, 아뇩다라삼먁삼보리 마음을 내어 마땅히 이
러-히 머물고 이러-히 그 마음을 항복시켜야 하니라."

금구성언 말씀대로 실천 다해
내 기어이 성취하여 구류 구제
최선 다해 큰 은혜를 보답하리

"그러하오나 세존이시여, 정말 그렇습니다만 바라옵건대 보다 더
자세히 듣고자 하나이다."
부처님께서 수보리에게 말씀하시기를
"모든 보살마하살은 마땅히 이러-히 그 마음을 항복시켜야 하니라.

내가 모든 중생들인 아홉 가지 무리들을 모두 남김없이 열반에 들게 하여 이러-히 한량없고 수없고 끝없는 중생을 멸도해서는 진실로 멸도 얻은 중생이 없어야 하니라.

왜냐하면 수보리야 만일 보살이 아상, 인상, 중생상, 수자상이 있다면 곧 보살이라 할 수 없기 때문이다.

수보리야, 보살은 마땅히 법에도 머무름 없이 보시를 해야 하는 것이니 색에 머무름 없이 보시를 해야 하며, 소리나 향기나 맛이나 촉감이나 법에도 머무름 없이 보시를 해야 하니라.

수보리야, 마땅히 보살은 이러-히 보시를 하여 모든 상에 머무름이 없어야 하는 것이니, 만약 보살이 상에 머무름 없이 보시를 하면 그로 인한 복덕은 생각으로 헤아릴 수 없느니라. 왜냐하면 끝없는 미래에 누리기 때문이니라.

그대는 어떻게 생각하느냐? 몸과 모양으로 여래를 볼 수 있겠느냐, 없겠느냐?"

"볼 수 없습니다. 세존이시여. 몸과 모양으로는 여래를 볼 수 없습니다. 왜냐하면 여래께서 말씀하신 몸과 모양은 곧 몸과 모양이 아니기 때문입니다."

"수보리야, 무릇 있는 바 상이 모두 허망하다고들 하나 만약 모든 상이 상 아님을 보면 바로 여래를 본 것이니라."

금구성언 말씀대로 실천 다해
내 기어이 성취하여 구류 구제
최선 다해 큰 은혜를 보답하리

수보리가 부처님께 여쭈었다.

"이상과 같은 말씀을 듣고 참답게 믿음을 낼 중생이 있겠습니까?"

"수보리야, 그런 말을 말라. 내가 열반한 뒤 오백 세가 지난 후라도 계행을 갖추고 복을 닦는 사람이 있어서 이 글귀에 능히 믿는 마음을 내어 이로써 참다움을 삼을 것이니라.

마땅히 알라. 이 사람은 한 부처님, 두 부처님, 세 부처님, 네 부처님, 다섯 부처님에게만 선근을 심은 것이 아니라 이미 한량없는 천만 부처님 처소에서 선근을 심었기에 이 글귀를 듣고 지극한 한 생각에 깨끗한 믿음을 내니라."

금강반야바라밀
금강반야바라밀
금강반야바라밀

금구성언 말씀대로 실천 다해
내 기어이 성취하여 구류 구제
최선 다해 큰 은혜를 보답하리

금강의 노래 2

일 없는 경지인 부처님, 중생 위해
한순간도 쉼 없이 일심전력 쏟으시네.

수보리가 부처님께 여쭈었다.
"세존이시여, 부처님께서 아뇩다라삼먁삼보리를 얻으셨다 하나
얻은 바 없습니다."
"그렇고 그렇다 수보리야. 나에게는 아뇩다라삼먁삼보리나 그
어떤 조그마한 법도 얻음이 없으니 이를 이름하여 아뇩다라삼먁
삼보리라 하니라.
수보리야 이 법은 평등하여 높고 낮음이 없기에 이를 이름하여
아뇩다라삼먁삼보리라 하니라. 아도 없고, 인도 없고, 중생도 없
고, 수자도 없이 모든 선법을 닦아야 곧 아뇩다라삼먁삼보리를
얻느니라.

금구성언 말씀대로 실천 다해
내 기어이 성취하여 구류 구제
최선 다해 큰 은혜를 보답하리

수보리야 선법이라고 말한 것도 여래가 곧 선법도 아닌 이것을
이름하여 선법이라 할 뿐이니라.
수보리야 만일 어떤 사람이 삼천대천세계 가운데 있는 모든 수
미산왕만 한 일곱 가지 보배 무더기로 보시한다 해도 이 반야바
라밀경의 네 글귀 게송만이라도 받아 지녀 읽고 외워서 다른 사
람을 위하여 설하여 주는 이가 있다면 앞에서 일곱 가지 보배로
보시한 복덕으로는 백천만억의 일에도 미칠 수 없느니라.
왜냐하면 그 복덕은 끝없는 미래에 누리기 때문이니라.
다른 사람을 위하여 어떻게 말하여 주겠느냐?
취할 상이란 것도 없으니 이러-하고 이러-해서 움직임이 없도록

하라.
왜냐하면 모든 함이 있는 법은 꿈 같고, 허깨비 같고, 물거품 같고, 그림자 같으며, 이슬 같고, 번개 같아서 마땅히 이러-히 보아야 하기 때문이니라.

금구성언 말씀대로 실천 다해
내 기어이 성취하여 구류 구제
최선 다해 큰 은혜를 보답하리

웃고 살자

1. 아하하하 우습다 아하하하 우스워
   제 그림자 모르고 저라 하는 사람 보고 아니 웃고 울랴
   아하하하 우습다 아하하하 우스워
   다섯 도적 종노릇에 헌신하는 사람 보고 아니 웃고 울랴
   아하하하 우습다 아하하하 우스워
   저승세계 코앞인데 대비 없는 사람 보고 아니 웃고 울랴
   아하하하 우습다 아하하하 우스워
   참나 찾지 아니하고 허송하는 사람 보고 아니 웃고 울랴
   아하하하 우습다 아하하하 우스워 (3번 이상)
   아리랑 아리랑 아라리요
   아리랑 고개를 넘어간다
   나를 버리고 가시는 님은
   십 리도 못 가서 되돌아온다

2. 즐겁고도 즐겁다 즐겁고도 즐거워
   좋은 인연 있었던가 거룩한 이 만나서 참나 찾은 이 행운이
   즐겁고도 즐겁다 즐겁고도 즐거워
   이 행운을 나 혼자서 누리기에 아쉬워 인도하려 나섰는데
   아리랑 아리랑 아라리요 아리랑 아리랑 아라리가 났네
   즐겁고도 즐겁다 즐겁고도 즐거워
   영원한 나 찾음으로 한순간에 성취한 낙원의 삶 권하나니
   즐겁고도 즐겁다 즐겁고도 즐거워
   우리 모두 다 함께 얼싸안고 누리는 그런 세상 노력하세
   즐겁고도 즐겁다 즐겁고도 즐거워 (3번 이상)
   아리랑 아리랑 아라리요
   아리랑 고개를 넘어간다
   청천 하늘엔 잔별도 많고
   이내 가슴엔 희망도 많다

정법의 원류

대원 선사님 저서

대원 문재현 선사님의 저서가 출간되고 있는 도서출판 문젠의 문젠이라는 이름은 대원 문재현 선사님의 최상승선을 상징합니다. 선사님의 성인 'Moon'과 선이라는 뜻의 'Zen'을 합해서 이루어졌습니다. 동시에 문젠이란 본연(本然)의 선을 이름한 것이기도 합니다. 영어로 문(Moon)은 달로서 성품을 상징하며, 성품의 선이란 본연한 것이기 때문입니다. 모든 이들이 무한한 본연의 존재를 깨달아 영원한 낙을 누리게 될 때까지 '도서출판 문젠'의 의지는 사라지지 않을 것입니다.

문젠 로고는 대원 문재현 선사님이 직접 문젠의 의미를 구상화한 것입니다. 비둘기를 두르고 있는 큰 원상은 본연의 성품을 상징하고, 비둘기를 받치고 있는 Z자 모양의 횟대는 번개와 같은 깨달음의 가르침을 상징합니다. 원상 안의 비둘기는 선사님의 친필 싸인으로 평화를 의미합니다.

대원 문재현 선사님의 저서

1~5. 바로보인 전등록 (전30권을 5권으로)

7불과 역대 조사의 말씀이 1,700공안으로 집대성되어 있는 선종 최고의 고전으로, 깨달음의 정수가 살아 숨쉬도록 새롭게 번역되었다.

464, 464, 472, 448, 432쪽.

각권 18,000원

6. 바로보인 무문관

황룡 무문 혜개 선사가 저술한 공안집으로 전등록, 선문염송, 벽암록 등과 함께 손꼽히는 선문의 명저이다.

본칙 48개와 무문 선사의 평창과 송, 여기에 역저자인 대원 문재현 선사의 도움말과 시송으로 생명과 같은 선문의 진수를 맛보여 주고 있다.

272쪽. 12,000원

7. 바로보인 벽암록

설두 선사의 설두송고를 원오 극근 선사가 수행자에게 제창한 것이 벽암록이다.

이 책은 본칙과 설두 선사의 송, 대원 문재현 선사의 도움말과 시송으로 이루어져, 벽암록을 오늘에 맞게 바로 보이고 있다.

456쪽. 15,000원

8. 바로보인 천부경

우리 민족 최고(最古)의 경전 천부경을 깨달음의 책으로 새롭게 바로 보였다. 이 책에는 81권의 화엄경을 81자에 함축한 듯한 천부경과, 교화경, 치화경의 내용이 함께 담겨 있으며, 역저자인 대원 문재현 선사가 도움말, 토끼뿔, 거북털 등으로 손쉽게 닦아 증득하는 문을 열어놓고 있다.

　432쪽. 15,000원

9. 바로보인 금강경

대원 문재현 선사의 『바로보인 금강경』은 국내 최초로 독창적인 과목을 내어 부처님과 수보리 존자의 대화 이면의 숨은 뜻을 드러내고, 자문과 시송으로 본문의 핵심을 꿰뚫어 밝혀, 금강경 전체를 손바닥 안의 겨자씨를 보듯 설파하고 있다.

　488쪽. 15,000원

10. 세월을 북채로 세상을 북삼아

대원 문재현 선사의 선시가 담긴 선시화집 『세월을 북채로 세상을 북삼아』는 선과 시와 그림이 정상에서 만나 어우러진 한바탕이다. 선의 세계를 누리는 불가사의한 일상의 노래, 법열의 환희로 취한 어깨춤과 같은 선시가 생생하고 눈부시게 내면의 소리로 흐른다.

　180쪽. 15,000원

11. 영원한현실

애매모호한 구석이 없이 밝고 명쾌하여, 너무도 분명함에 오히려 그 깊이를 헤아리기 어려운, 대원 문재현 선사의 주옥같은 법문을 모아 놓은 법문집이다.

　400쪽. 15,000원

12. 바로보인 신심명

신심명은 양끝을 들어 양끝을 쓸어버리는, 40대치법으로 이루어진, 3조 승찬 대사의 게송이다. 이를 대원 문재현 선사가 바로 번역하는 것은 물론, 주해, 게송, 법문을 더해 통쾌하게 회통하고 자유자재 농한 것이 이 『바로보인 신심명』이다.

　296쪽. 10,000원

13~17. 바로보인 환단고기 (전5권)

『바로보인 환단고기』 1권은 민족정신의 정수인 환단고기의 진리를 총정리하여 출간하였다. 2권에는 역사총론과 태초에서 배달국까지 역사가 실려 있으며, 3권은 단군조선, 4권은 북부여에서부터 고려까지의 역사가 실려 있다. 5권에는 역사를 증명하는 부록과 함께 환단고기 원문을 실었다.

　344·368·264·352·344쪽. 각권 12,000원

18~47. 바로보인 선문염송 (전30권)

선문염송은 세계최대의 공안집이다. 전 공안을 망라하다시피 했기에 불조의 법 쓰는 바를 손바닥 들여다보듯 하지 않고 는 제대로 번역할 수 없다. 대원 문재현 선사는 전 공안을 바로 참구할 수 있게끔 번역하고 각 칙마다 일러보였다.

352 368 344 352 360 360 400 440 376 392
384 428 410 380 368 434 400 404 406 440
424 460 472 456 504 528 488 488 480 512쪽
각권 15,000원

48. 앞뜰에 국화꽃 곱고 북산에 첫눈 희다

대원 문재현 선사의 선문답집으로 전강·경 봉·숭산·묵산 선사와의 명쾌한 문답을 실 었으며, 중앙일보의 <한국불교의 큰스님 선문 답> 열 분의 기사와 기자의 질문에 대한 대 원 문재현 선사의 별답을 함께 실었다.

200쪽. 5,000원

49. 바로보인 증도가

선종사에 사라지지 않을 발자취로 남은 영가 선사의 증도가를 대원 문재현 선사가 번역하 고 법문과 송을 더하였다.

자비의 방편인 증도가의 말씀을 하나하나 쳐 가는 선사의 일갈이야말로 영가 선사의 본 의중과 일치하여 부합하는 것이라 아니할 수 없다.

376쪽. 10,000원

50. 바로보인 반야심경

이 시대의 야부 선사, 대원 문재현 선사가 최초로 반야심경에 과목을 붙여 반야심경 내면에 흐르는 뜻을 밀밀하게 밝혀놓고 거침없는 송으로 들어보였다.

200쪽. 10,000원

51~52. 선(禪)을 묻는 그대에게 (전10권 중 2권)

대원 문재현 선사의 선수행에 대한 문답집. 깨달아 사무친 경지에 대한 밀밀한 점검과, 오후보림에 대한 구체적인 수행법 제시와, 최초의 무명과 우주생성의 원리까지 낱낱이 설한 법문이 담겨 있다.

280쪽, 272쪽. 각권 15,000원

53. 바로보인 선가귀감

선가귀감은 깨닫고 닦아가는 비법이 고스란히 전수되어 있는 선가의 거울이라 할 만하다. 더욱이 바로보인 선가귀감은 매 소절마다 대원 문재현 선사의 시송이 화살을 과녁에 적중시키듯 역대 조사와 서산대사의 의중을 꿰뚫어 보석처럼 빛나고 있다.

352쪽. 15,000원

54. 바로보인 법융선사 심명

심명 99절의 한 소절, 한 소절이 이름 그대로 마음에 새겨두어야 할 자비광명들이다. 이 심명은 언어와 문자이면서 언어와 문자를 초월한 일상을 영위하게 하는 주옥같은 법문이다.

278쪽. 12,000원

55. 주머니 속의 심경

반야심경은 부처님이 설하신 경 중에서도 절제된 경으로 으뜸가는 경이다. 대원 문재현 선사의 선송(禪頌)도 그 뜻을 따라 간략하나 선의 풍미를 한껏 담고 있다. 하루에 한 소절씩을 읽고 참구한다면 선 수행의 지름길이 될 것이다.

84쪽. 5,000원

56. 바로보인 법성게

법성게는 한마디로 화엄경의 핵심부를 온통 훤출히 드러내놓은 게송이다. 짧은 글 속에 일체의 법을 이렇게 통렬하게 담아놓은 법문도 드물 것이다.
이렇게 함축된 법성게 법문을 대원 문재현 선사가 속속들이 밀밀하게 설해놓았다.

176쪽. 10,000원

57. 달다 - 전강 대선사 법어집

이제는 전설이 된 한국 근대선의 거목인 전 강 선사님의 최상승법과 예리한 지혜, 선기 로 넘쳤던 삶이 생생하게 담겨 있는 전강 대 선사 법어집 < 달다 > !

전강 대선사님의 인가 제자인 대원 문재현 선사가 전강 대선사님의 법거량과 법문, 일 화를 재조명하여 보였다.

368쪽. 15,000원

58. 기우목동가

그 뜻이 심오하여 번역하기 어려웠던 말계 지은 선사의 기우목동가!

대원 문재현 선사가 바른 뜻이 드러나도록 번역하고, 간결한 결문과 주옥같은 선송으로 다시 보였다.

146쪽. 10,000원

59. 초발심자경문

이 초발심자경문은 한문을 새기는 힘인 문 리를 터득하게 하기 위하여 일부러 의역하 지 않고 직역하였다.

대원 문재현 선사의 살아있는 수행지침도 실려 있다.

266쪽. 10,000원

60. 방거사어록

방거사어록은 선의 일상, 선의 누림을 보여주는 대표적인 선문이다. 역저자인 대원 문재현 선사는 방거사어록의 문답을 '본연의 바탕에서 꽃피우는 일상의 함'이라 말하고 있다. 법의 흔적마저 없는 문답의 경지를 온전하게 드러내 놓은 번역과, 방거사와 호흡을 함께 하는 듯한 '토끼뿔'이 실려 있다.

266쪽. 15,000원

61. 실증설

이 책의 모태는 대원 문재현 선사가 2010년 2월 14일 구정을 맞이하여 불자들에게 불법의 참뜻을 보이기 위해 홀연히 펜을 들어 일시에 써내려간 이 책의 3부이다. 실증한 이가 아니고는 설파할 수 없는 일구 도리로 보인 이 3부와 태초로부터 영겁에 이르는 성품의 이치를 문답과 인터뷰 법문으로 낱낱이 설한 1, 2를 보아 실증하기를…

224쪽. 10,000원

62. 하택신회대사 현종기

육조대사의 법이 중국천하에 우뚝하도록 한 장본인, 하택신회대사의 현종기. 세간에 지해종도로 알려져 있는 편견을 불식시키는 뛰어난 깨달음의 경지가 여기에 담겨있다. 대원 문재현 선사가 하택신회대사의 실경지를 드러내고 바로보임으로써 빛냈다.

232쪽. 10,000원

63. 불조정맥 - 韓·英·中 3개국어판

석가모니불로부터 현 78대에 이르기까지 불조정맥진영(佛祖正脈眞影)과 정맥전법게(正脈傳法偈)를 온전하게 갖춘 최초의 불조정맥서. 대원 문재현 선사가 다년간 수집, 정리하여 기도와 관조 끝에 완성한 『불조정맥』을 3개 국어로 완역하였다.

216쪽. 20,000원

64. 바른 불자가 됩시다

참된 발심을 하여 바른 신앙, 바른 수행을 하고자 해도, 그 기준을 알지 못해 방황하는 불자님들을 위해 불법의 바른 길잡이 역할을 하도록 대원 문재현 선사가 집필하여 출간하였다.

162쪽. 10,000원

65. 누구나 궁금한 33가지

21세기의 인류를 위해 모든 이들이 가장 어렵고 궁금해 하는 문제, 삶과 죽음, 종교와 진리에 대한 바른 지표를 제시하고자 대원 문재현 선사가 집필하여 출간하였다.

180쪽. 10,000원

66. 108진참회문 - 韓·英·中 3개국어판

전생의 모든 악연들이 사라져 장애가 없어지고, 소망하는 삶을 살게 하기 위해 대원 문재현 선사가 10계를 위주로 구성한 108 항목의 참회문이다. 한 대목마다 1배를 하여 108배를 실천할 것을 권한다.

170쪽. 15,000원

67. 달마의 일할도 허락지 않는다

대원 문재현 선사의 짧고 명쾌한 법문집. 책을 잡는 순간 달마의 일할도 허락지 않는 선기와 맞닥뜨리게 될 것이다. 때로는 하늘을 찌를 듯한 기세와, 때로는 흔적 없는 공기와도 같은 향기를 일별하기를…

190쪽. 10,000원

68. 마음대로 앉아 죽고 서서 죽고

생사를 자재한 분들의 앉아서 열반하고 서서 열반한 내력은 물론 그분들의 생애와 법까지 일목요연하게 수록해놓았다.

446쪽. 15,000원

69. 화두 - 韓·英·中 3개국어판

『화두』는 대원 문재현 선사의 평생 선문답의 결정판이다. 생생하게 살아있는 선(禪)을 한·영·중 3개국어로 만날 수 있다. 특히 대원 문재현 선사의 짧은 일대기가 실려 있어 그 선풍을 음미하는 데에 큰 도움을 주고 있다.

440쪽. 15,000원

70. 바로보인 간당론

법문하는 이가 법리를 모르고 주장자를 치는 것을 눈먼 주장자라 한다. 법좌에 올라 주장자 쓰는 이들을 위해서 대원 문재현 선사가 간당론에서 선리(禪理)만을 취하여 『바로보인 간당론』을 출간하였다.

218쪽. 20,000원

71. 완전한 우리말 불공예식법

부처님께 공양을 올리고 불보살님의 가피를 구하는 예법 등을 총칭하여 불공예식법이라 한다. 대원 문재현 선사가 이러한 불공예식의 본뜻을 살려서 완전한 우리말본 불공예식법을 출간하였다.

456쪽. 38,000원

72. 바로보인 유마경

유마경은 가히 불법의 최정점을 찍는 경전이라 할 것이니, 불보살님이 교화하는 경지에서의 깨달음의 실경과 신통자재한 방편행을 보여주는 최상승 경전이다. 대원 문재현 선사가 < 대원선사 토끼뿔 >로 이 유마경에 걸맞는 최상승법을 이 시대에 다시금 드날렸다.

568쪽. 20,000원

73. 실증설 5개국어판 - 韓·英·佛·西·中

대원 문재현 선사가 불법의 참뜻을 보이기 위해 홀연히 펜을 들어 일시에 써내려간 실증설! 실증한 이가 아니고는 설파할 수 없는 도리로 가득한 이 책이 드디어 영어, 불어, 스페인어, 중국어를 더하여 5개국어로 편찬되었다.

860쪽. 25,000원

74. 누구나 궁금한 33가지 3개국어판 - 韓·英·中

누구라도 풀어야 할 숙제인 33가지의 의문에 대한 답을 21세기의 현대인에게 맞는 비유와 언어로 되살린 『누구나 궁금한 33가지』가 한글, 영어, 중국어 3개국어로 출간되었다.

408쪽. 15,000원

75. 달마의 일할도 허락지 않는다 3개국어판 - 韓·英·中

대원 문재현 선사의 짧고 명쾌한 법문집인 『달마의 일할도 허락지 않는다』가 한글, 영어, 중국어 3개국어로 출간되었다. 전세계에서 유일하게 활선의 가풍이 이어지고 있는 한국, 그 가운데에서도 불조의 정맥을 이은 대원 문재현 선사가 살활자재한 법문을 세계로 전하고 있는 책이다.

308쪽. 15,000원

76~82. 화엄경 (전81권 중 7권)

대원 문재현 선사는 선문염송 30권, 전등록 30권을 모두 역해하여 세계 최초로 1,463칙 전 공안에 착어하였다. 이러한 안목으로 대천세계를 손바닥의 겨자씨 들여다보듯 하신 불보살님들의 지혜와 신통으로 누리는 불가사의한 화엄세계를 열어보였다.

206, 256, 264, 278, 240, 288, 276쪽.
각권 15,000원

83. 법성게 3개국어판 - 韓·英·中

법성게는 한마디로 화엄경의 핵심부를 훤출히 드러내놓은 게송으로 짧은 글 속에 일체법을 고스란히 담아 놓았다. 대원 문재현 선사의 통쾌한 법성게 법문이 한영중 3개국어로 출간되었다.

376쪽. 15,000원

정법의 원류

정맥선원 안내

전국 정맥선원에서는 선원장님들에게 참선과 명상지도를 받을 수 있습니다.

선원장님들이 주기적으로 해주시는 법문도 참여하실 수 있으니, 자세한 사항은 선원으로 직접 전화 상담해주십시오.

그 외에도 예불시간, 불공일정 등을 확인하셔서 자유롭게 참석하시기 바랍니다. 참선수행이나 명상공부를 하시는 분들은 언제든지 법당을 이용하셔도 좋습니다.

포천 성불사 국제정맥선원

인제산(人濟山) 성불사(成佛寺) 국제정맥선원
11192 경기도 포천시 내촌면 소리개길 86-178
☎ 031-531-8805

인제산(人濟山) 이룬절 포천정맥선원
11192 경기도 포천시 내촌면 소리개길 86-123
☎ 031-532-1918

도봉산(道峯山) 도봉정사(道峯精舍) 서울정맥선원
01302 서울시 도봉구 도봉로 921 문젠빌딩 2층
☎ 02-3494-0122

백양산(白楊山) 자모사(慈母寺) 부산정맥선원
47845 부산시 동래구 아시아드대로 114번길 10
대륙코리아나 2층 212호
☎ 051-503-6460

자모산(慈母山) 육조사(六祖寺) 청도정맥선원
경북 청도군 매전면 동산리 산 50
☎ 010-4543-2460

광암산(光嚴山) 성도사(成道寺) 광주정맥선원
62406 광주광역시 광산구 삼도광암길 34
☎ 062-944-4088

대통산(大通山) 대통사(大通寺) 해남정맥선원
59049 전남 해남군 화산면 송계길 132-98 중정마을
☎ 061-536-6366

포천 이룬절 지장보살단

정맥선원
www.zenparadise.com

도서출판 문젠
www.moonzenpress.com
031-534-3373

사막화방지국제연대
www.iupd.org

정맥선원 유튜브 채널
대원 문재현 선사님의 일대기, 찬불가와
장수체조를 무료로 감상할 수 있는 채널입
니다.
www.youtube.com/user/officialMOONZEN

대원 문재현 선사님 역저
화엄경 전자책 다섯 권 무료 공개

무료책 구입방법 http://www.zenparadise.
com/index.php/kr/hwaum_free_ebook/
미리보기 goo.gl/EwNlGE

해남 대통사 해수관음상

법문 MP3를 주문판매합니다

부처님의 제78대손이신 대원 문재현 선사님의 법문 mp3가
나왔습니다. 책으로만 보아서는 고준하여 알기 어려웠던 선
문의 이치들이 자세히 설하여져 있어서, 모든 궁금증을 시원
하게 풀어줄 것입니다. 주문처 : 031-534-3373

천부경 : 15,000원   금강경 : 40,000원
신심명 : 30,000원   법성게 : 10,000원
현종기 : 65,000원   법융선사 심명 : 100,000원
기우목동가 : 75,000원
반야심경 : 1회당 5,000원 (총 32회)
선가귀감 : 1회당 5,000원 (총 80회)

청도 육조사 대웅전

가슴으로 부르는 불심의 노래

대원 선사님께서 작사하신 찬불가 CD를 주문판매합니다.
주문처 : 031-534-3373
1집 가격 : 20,000원 2집 가격 : 15,000원

서울 도봉정사 법당

광주 성도사 법당

정법의 원류